00:00:00:00--------

SALKA
EN LA TIERRA DE NADIE

© Xavi Herero Fontanet

SALKA EN LA TIERRA DE NADIE-FRAME BOOK

Editadt per AC IBIZACINEFEST-XAVI HERRERO FILMS

Maquetat por Xavi Herrero

Portada de Juanjo Ribas

Pròleg de Carles fabregat

Reservats tots els drets.No es permet la reproducció total o parcial d'aquesta obra, ni la seva incorporació a un sistema informàtic, ni la transmissió en qualsevol forma o per qualsevol mitjà (electrònic, mecànic, fotocòpia, enregistrament o altres) sense autorització prèvia i per escrit dels titulars de drets d'autor. La infracció d'aquests dere-chos comporta sancions legals i pot constituir un delicte contra la propietat-tat intel·lectual.

Adreceu-vos a Ibizacinefest si necessita fotocopiar o escanejar algun fragment d'aquesta obra.

www.ibizacinefest.com

FRAME-BOOK

*Una película no debe ser un análisis,
sino la excitación de la mente.*

Werner Herzog

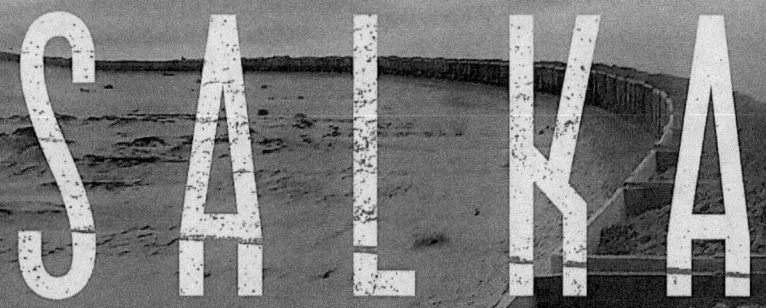

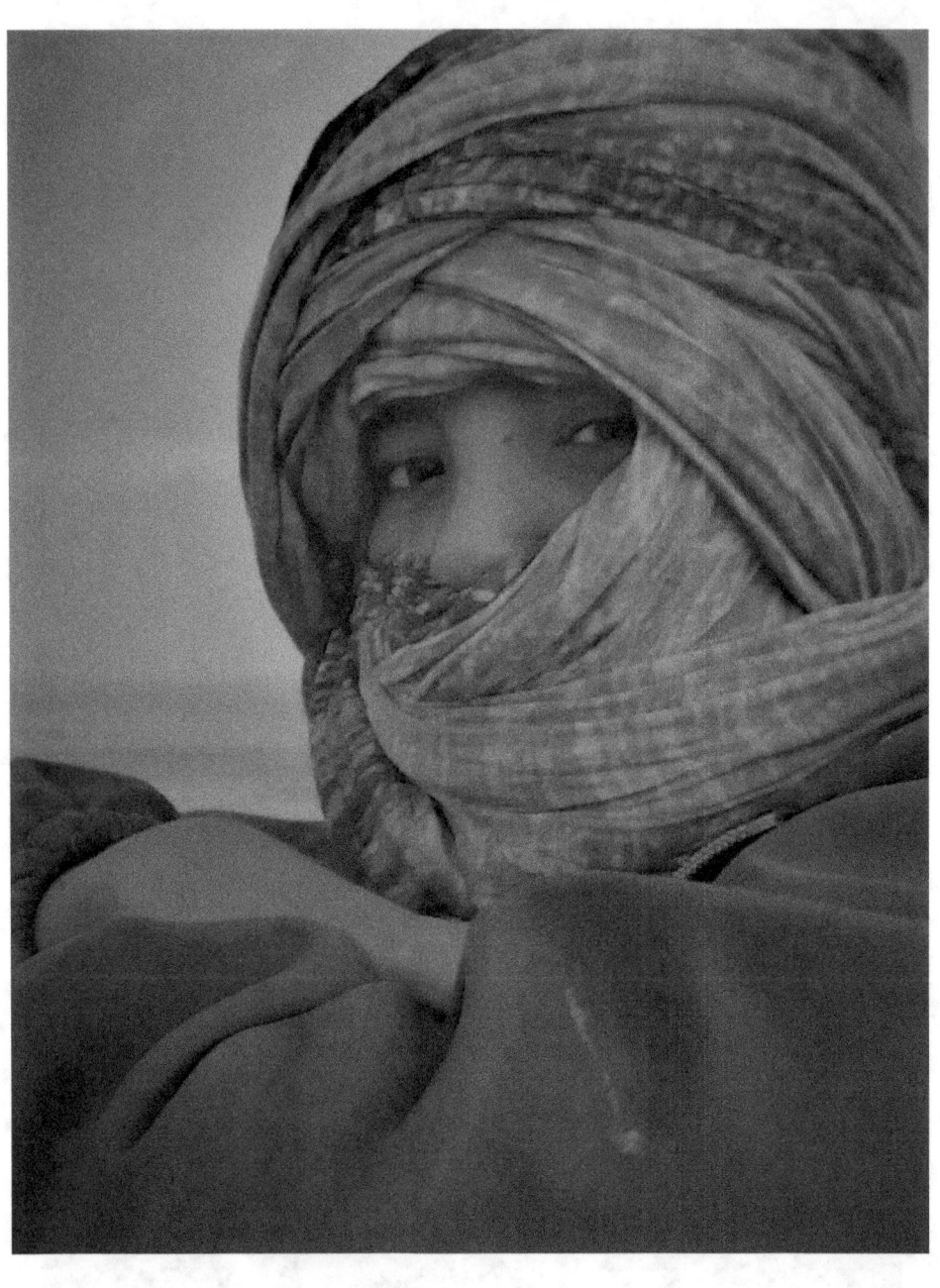

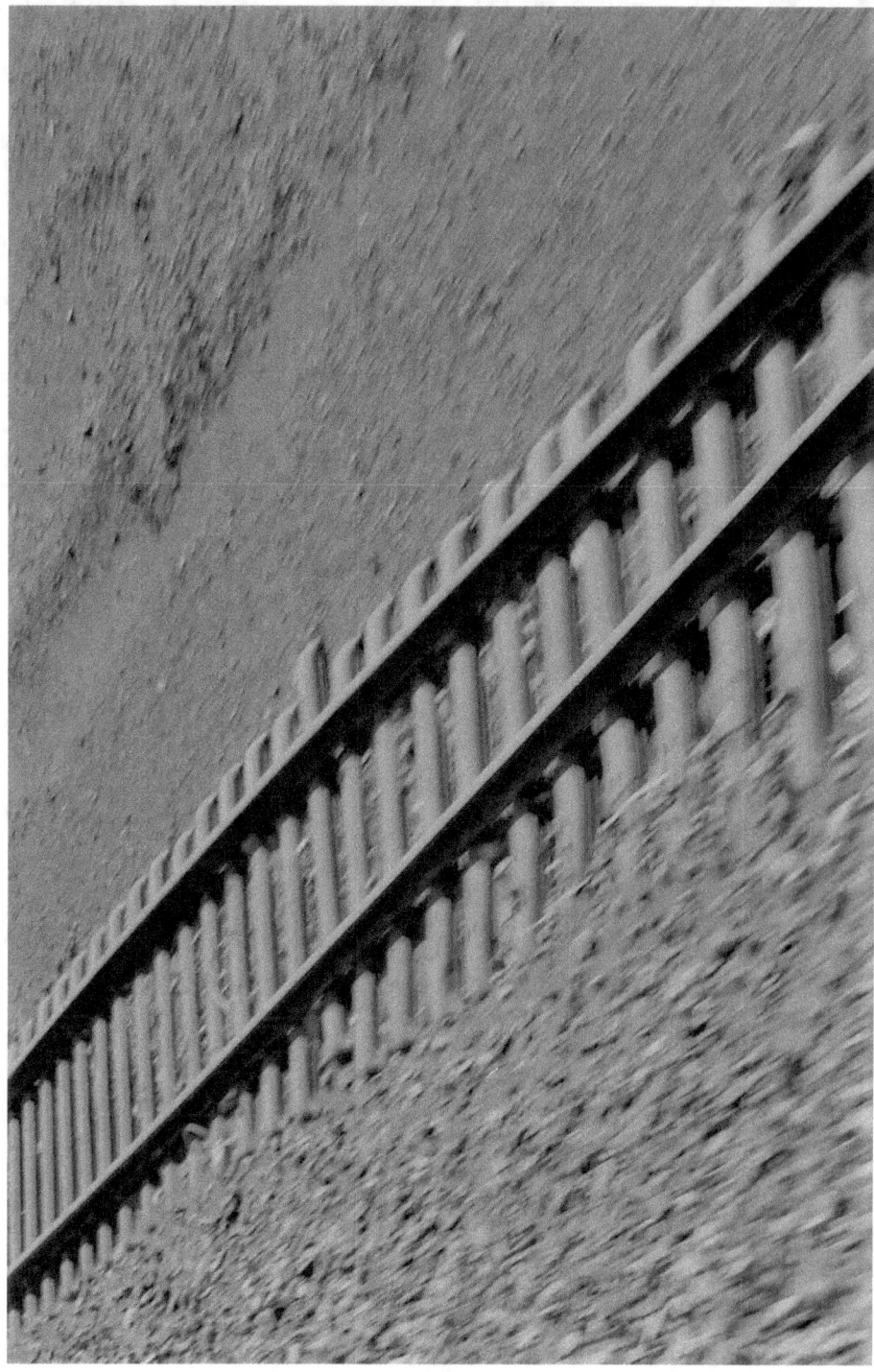

Hacia el Norte.

En uno de los poemas touáregs que acompañan el film de Xavi Herrero, "Salka, en la tierra de nadie", podemos escuchar: "Con el desierto ante ti, no digas: ¡Qué aridez! Di: ¡Qué extraña belleza! ".

Y creemos que este pensamiento funciona a modo de indicador, de manual de instrucciones para orientarse en el hipnótico viaje que el Director nos propone a lo largo de 70 minutos de movimiento continuo, por un territorio que podríamos calificar de onírico, si no fuera que se han ido diseminando calculadamente unas cuantas notas de realidad como para que no nos podamos hacer los ingenuos.

Estas notas de realismo, sin embargo, diría que el espectador las percibe de forma casi sutil, si lo contrastamos con esta metáfora lanzada al galope llamada Salka, que Xavi Herrero se ha dedicado a expurgar de casi toda anécdota, de toda baliza que nos guíe en la travesía del desierto. Setecientos kilómetros en un tren de mercancías que transporta minerales, formado por un rosario de vagonetas donde las personas viajan mezcladas con la carga, en una circunvalación infinita de Mauritania en la bahía atlántica de Nouadibhou, y vuelve a empezar.

Si hubiéramos de expresarlo por medio de lenguaje popular -que a menudo enmascara una inducción de los aparatos ideológicos del Estado- diríamos que esta es una de aquellas películas donde "no pasa nada".

Y todos entendemos lo que significa según quien así se pronuncia. Pero a lo que esta frase se refiere en realidad, es una ausencia de sucesos en el relato.

En este mundo cada vez más instalado en el horror vacui, todo lo tenemos que explicar a base de sucesos, sean accidentes, crímenes, disputas o éxitos apoteósicos y carreras fulgurantes.

Para una mirada tal, en Salka quizás no pasa nada, cuando en realidad pasa todo.

Este trayecto sin fin, al ritmo de la contramarcha del ferrocarril, se convierte en definitiva en un viaje sin sentido: el deseo humano pulsando hacia la nada, desplazarse por desplazarse, porque siempre hay un territorio por recorrer, un lugar donde los pastos son más verdes.

Y mientras, pasa la vida por nuestro lado, con toda su terrible belleza.

Una vez vaciados de todo artificio, la perfecta desnudez del paisaje aparece ante nuestros ojos también sin artificios, sin ideas preconcebidas.

Al final del camino nos espera el océano, siempre en movimiento, mientras miles de africanos cabalgan un monstruo de hierro y ruedas para llegar al paraíso del otro lado del mar, "Hacia el Norte", donde dicen que la gente es limpia y noble, culta, rica, libre, despierta y feliz!".

Carles Fabregat

Nord enllà.

A un dels poemes touaregs que acompanyen el film de Xavi Herrero, Salka, en la tierra de nadie, podem escoltar: "Amb el desert davant teu, no diguis: ¡Quina aridesa! Digues: ¡Quina estranya bellesa!". I creiem que aquest pensament funciona a manera d'indicador, de manual d'instruccions per orientar-se en l'hipnòtic viatge que el Director ens proposa al llarg de 70 minuts de moviment continu, per un territori que podríem qualificar d'oníric, si no fos que s'hi han anat disseminant calculadament unes quantes notes de realitat com perquè no ens puguem fer els ingenus.

Aquestes notes de realisme, però, diria que l'espectador les percep de forma quasi subtil, si ho contrastem amb aquesta metàfora llançada al galop anomenada Salka, que Herrero s'ha dedicat a expurgar de quasi tota anècdota, de tota balisa que ens guiï en la travessia del desert.

Set-cents quilòmetres en un tren de mercaderies que transporta minerals format per un rosari de vagonetes on les persones viatgen mesclades amb la càrrega, en una circumval·lació infinita de Mauritània a la badia atlàntica de Nouadibhou, i torna a començar.

Si haguéssim d'expressar-ho per mitjà del llenguatge popular – que sovint emmascara una inducció dels aparells ideològics de l'Estat- diríem que aquesta és una d'aquelles pel·lícules on "no hi passa res". I tots entenem què vol dir qui així es pronuncia. Però al que aquesta frase es refereix en realitat és a una absència de successos en el relat.

En aquest món cada cop més instal·lat en l'horror vacui, tot ho hem d'explicar a base de successos, siguin accidents, crims, disputes o bé èxits apoteòsics i carreres fulgurants.

Per a una mirada tal, a Salka potser no hi passa res, quan en realitat hi passa tot.

Aquest trajecte sense fi, al ritme de la contramarxa del ferrocarril, esdevé al capdavall un viatge sense sentit: el desig humà polsant cap al no res, desplaçar-se per desplaçar-se, perquè sempre hi ha un territori per recórrer, un lloc on les pastures son més verdes.

I mentrestant passa la vida pel costat, amb tota la seva terrible bellesa. Un cop buidats de tot artifici, la perfecta nuesa del paisatge apareix davant els nostres ulls també sense artificis, sense idees preconcebudes.

Al final del camí ens hi espera l'oceà, sempre en moviment, mentre milers d'africans cavalquen un monstre de ferro i rodes per tal d'arribar al paradís de l'altra banda del mar, "Nord enllà, on diuen que la gent és neta i noble, culta, rica, lliure, desvetllada i feliç!"

Carles Fabregat

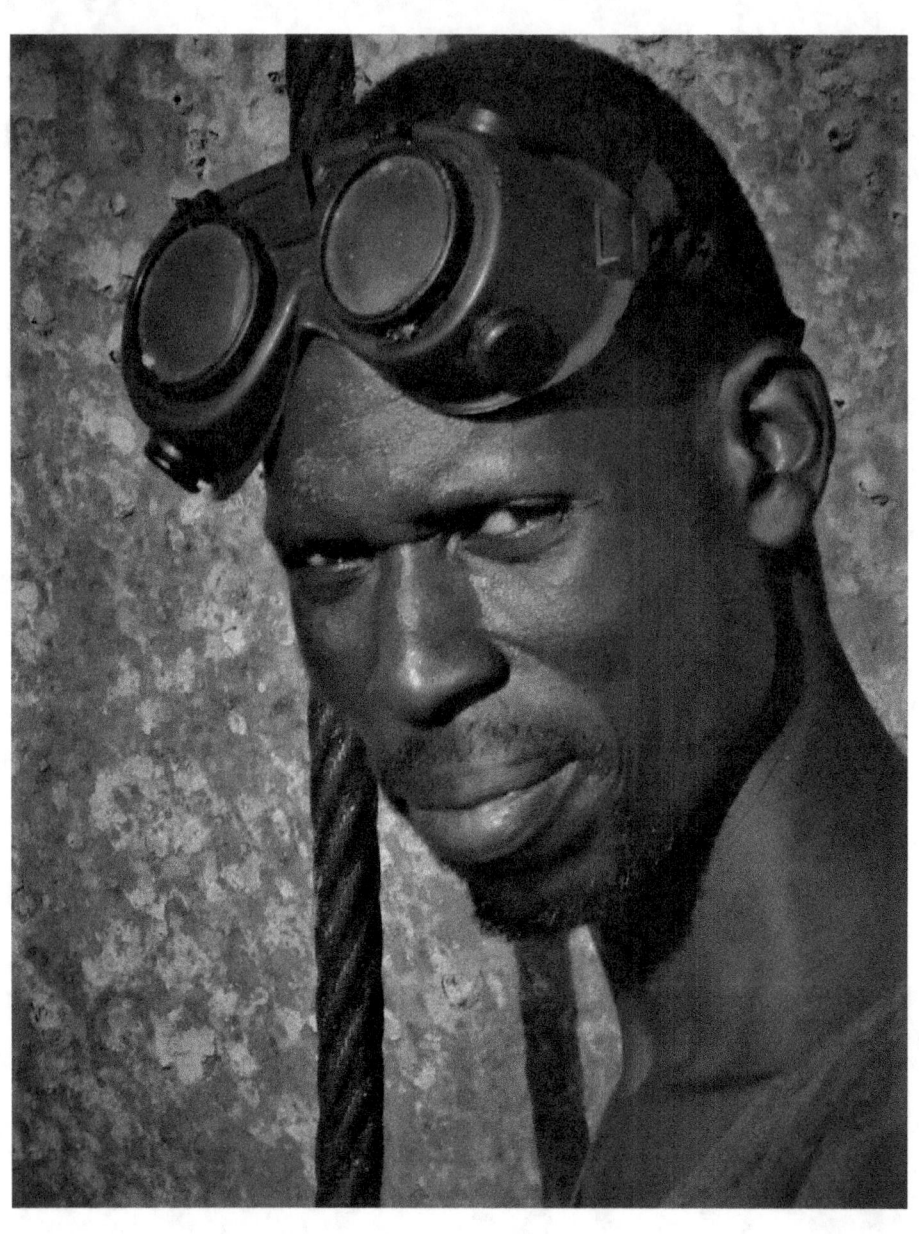

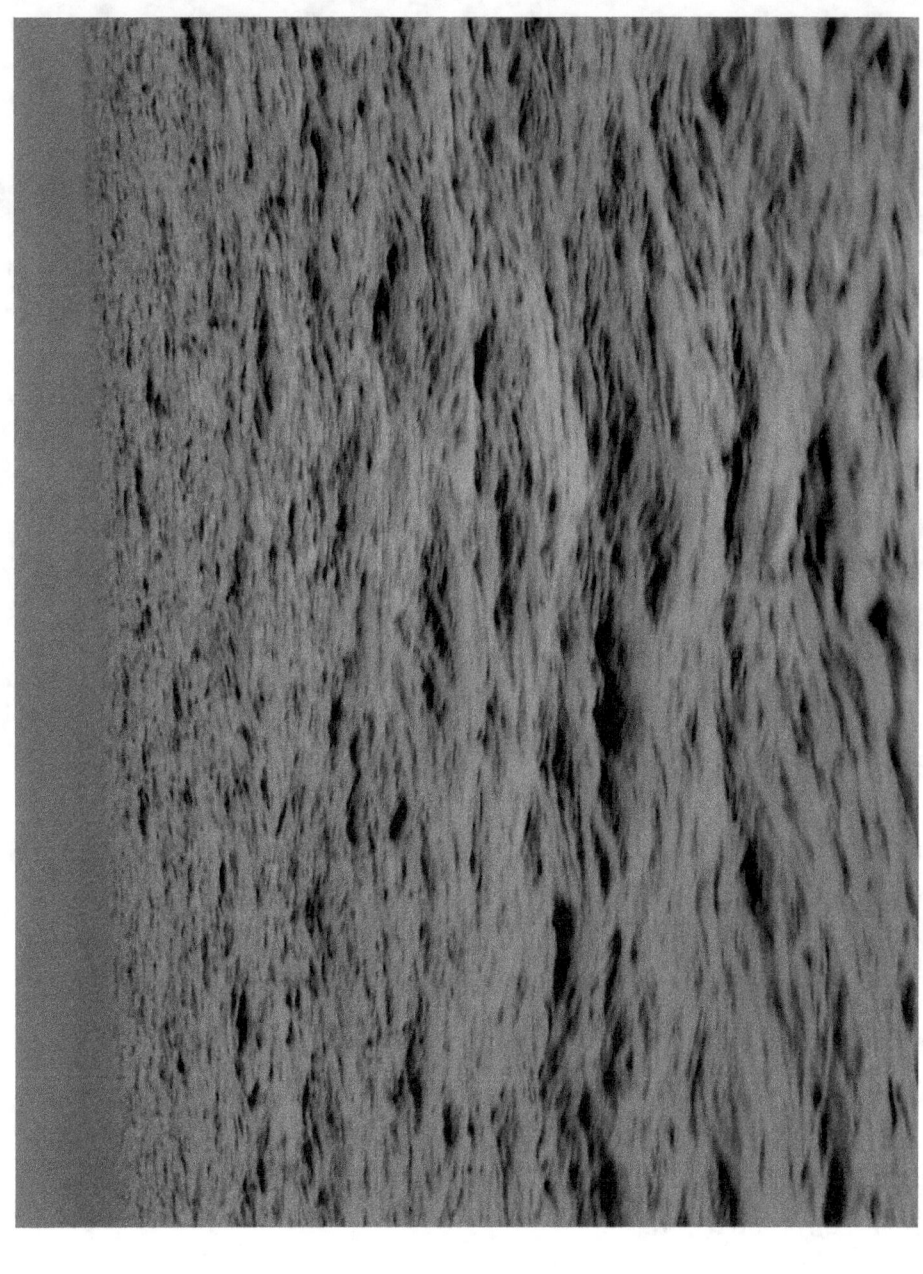

00:01:34:13

El tren de la compañia de la SNIM recorre la conflictiva frontera entre Mauritania y el Sahara Occidental,la llamada Tierra de Nadie,con destino el Puerto industrial de Cansado,en la bahía de Nouabidhou.

La bahía de Nouabidhou se extiende 10 Km. desde el fronterizo faro de Cabo Blanco,hasta el cementerio de barcos y el antiguo Puerto francés.

En este litoral,se desarrlla la mayor actividad de las mafias y salidas de Cayucos,rumbo a Europa.

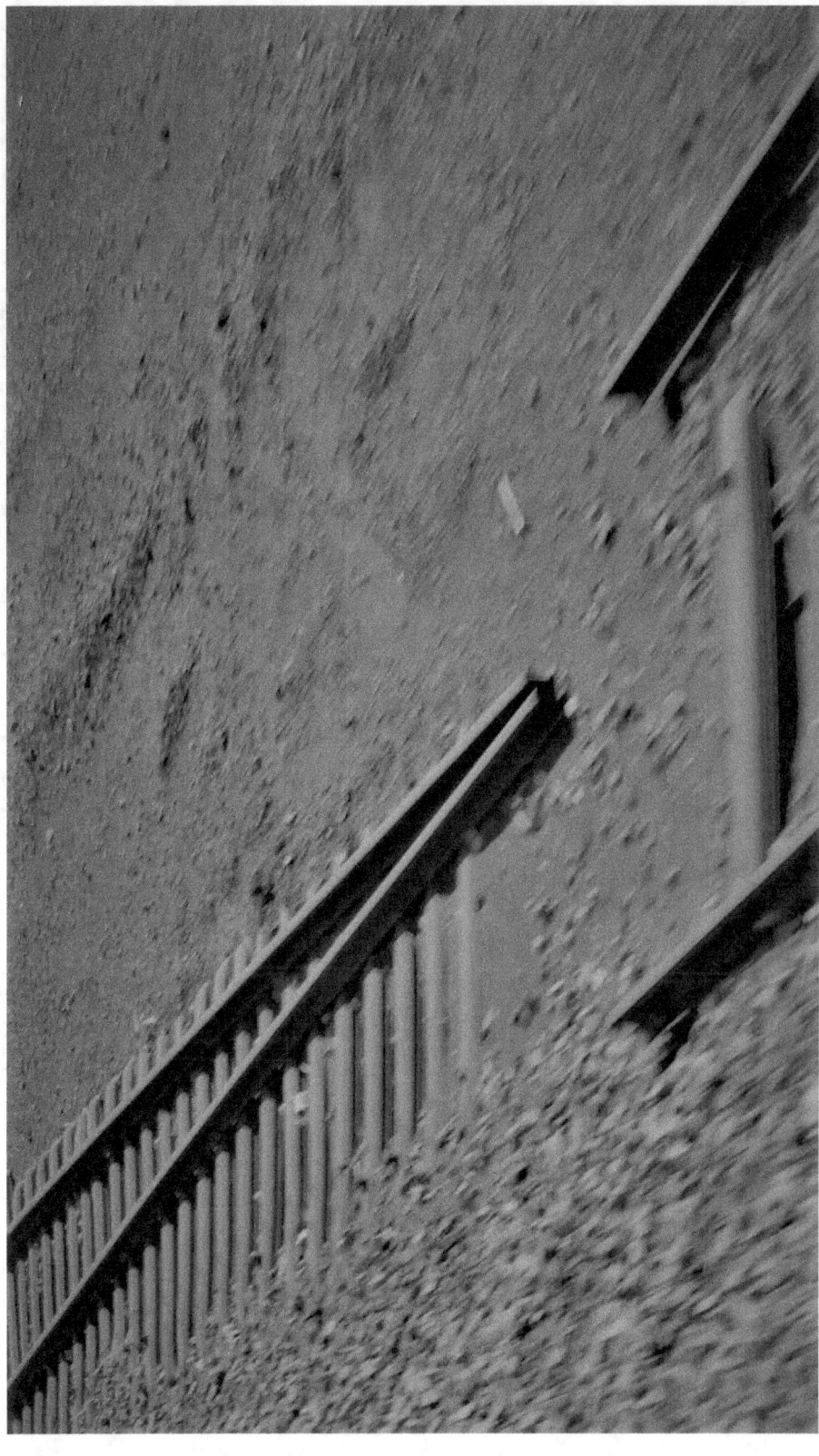

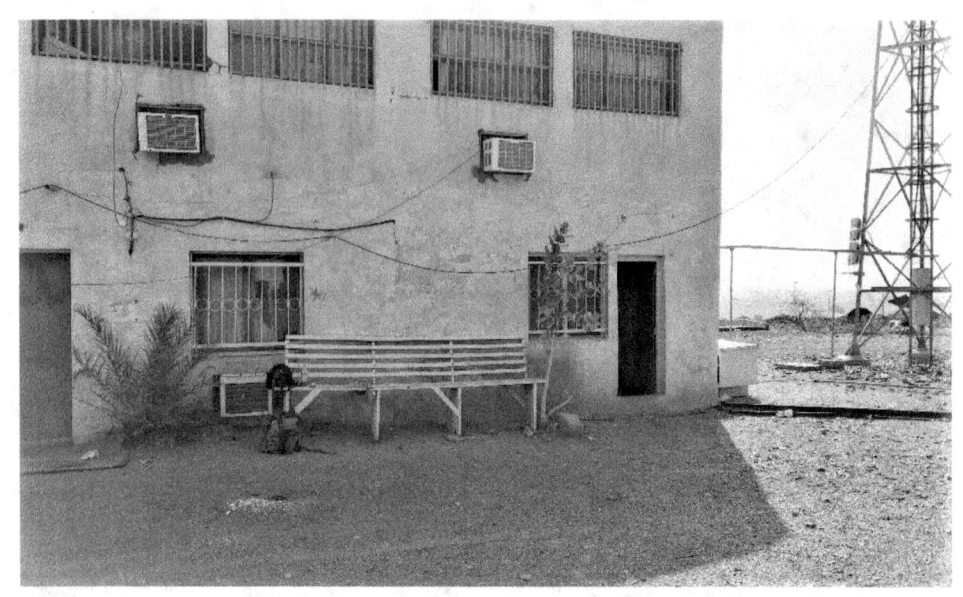

ZOUÉRAT

00:02:15:23

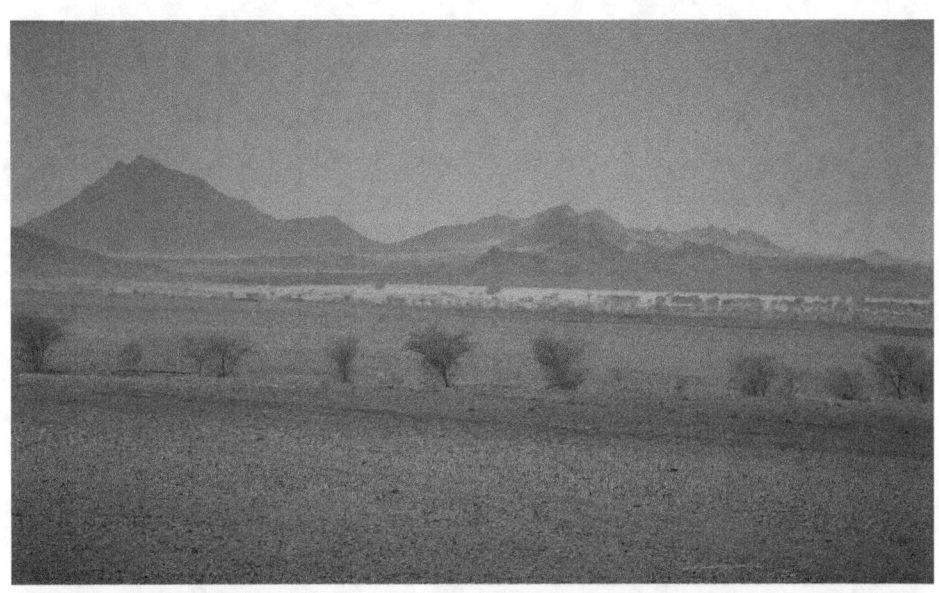
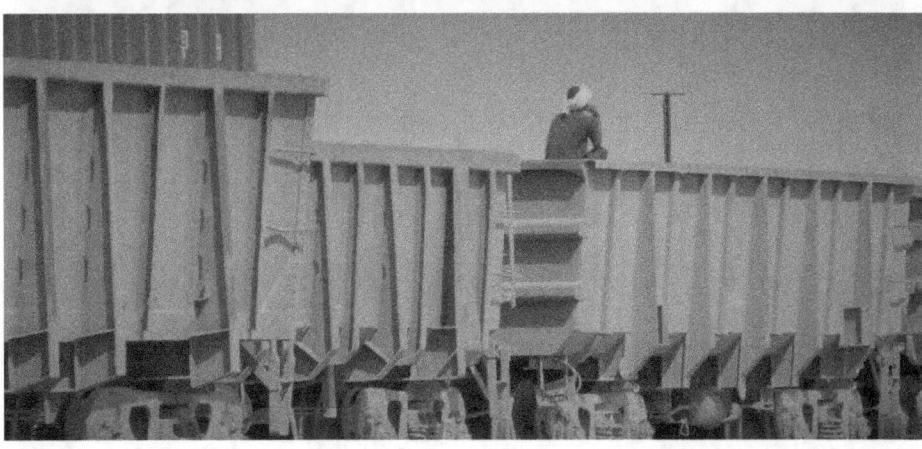
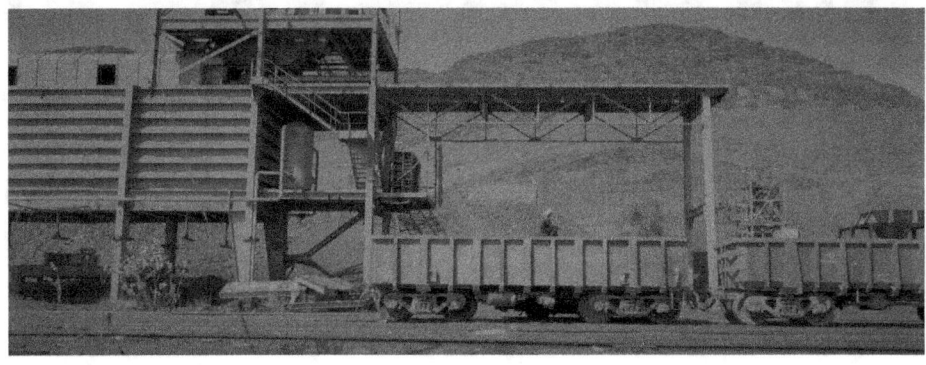

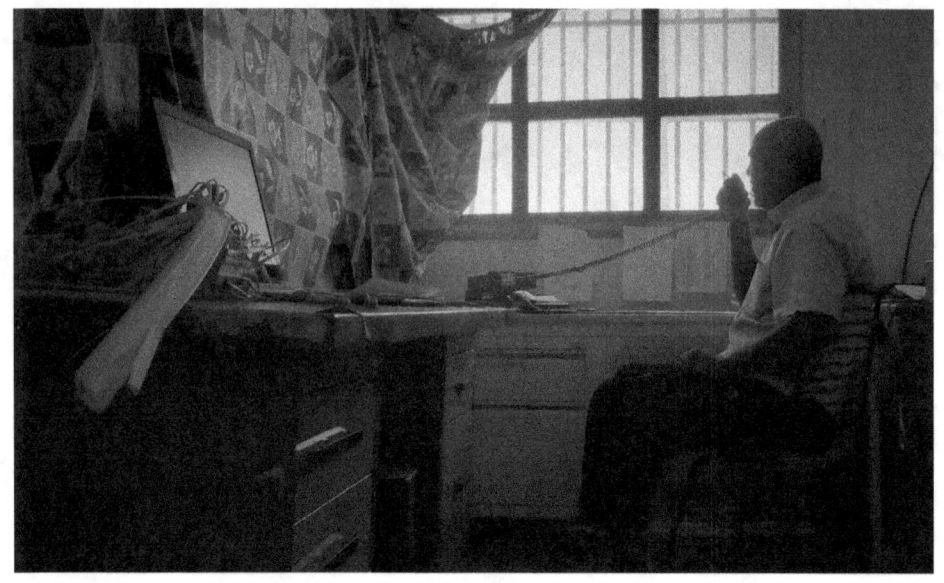

-Ya tenemos autorización para mover la primera máquina.

-¿Dónde colocamos los vagones para la gente?

-Solo hay dos preparados.

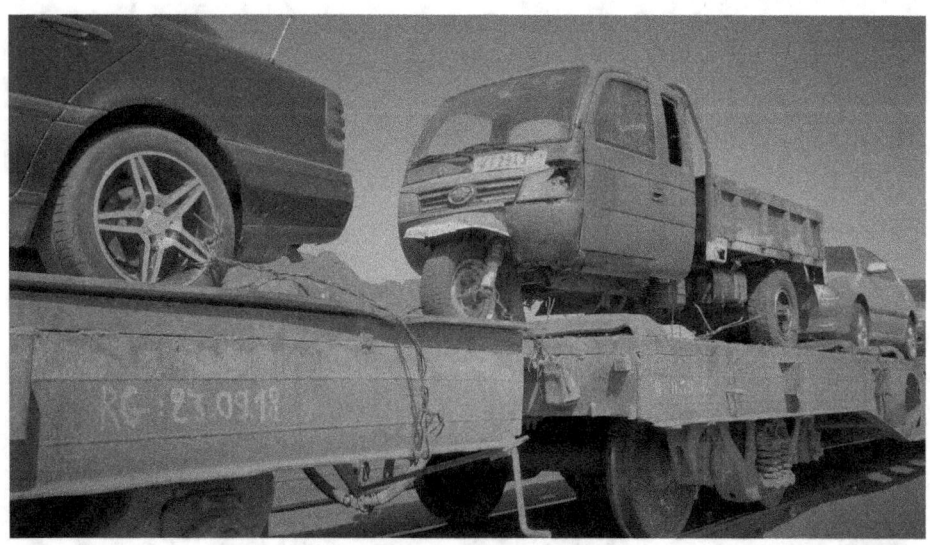

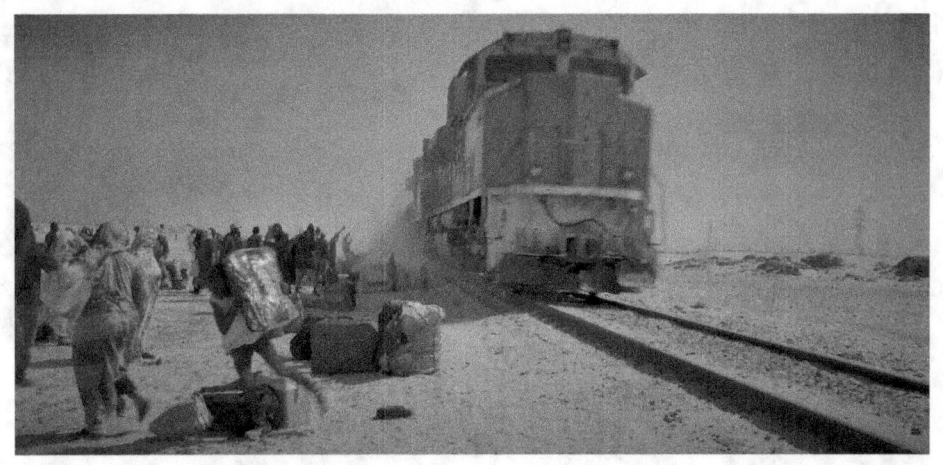

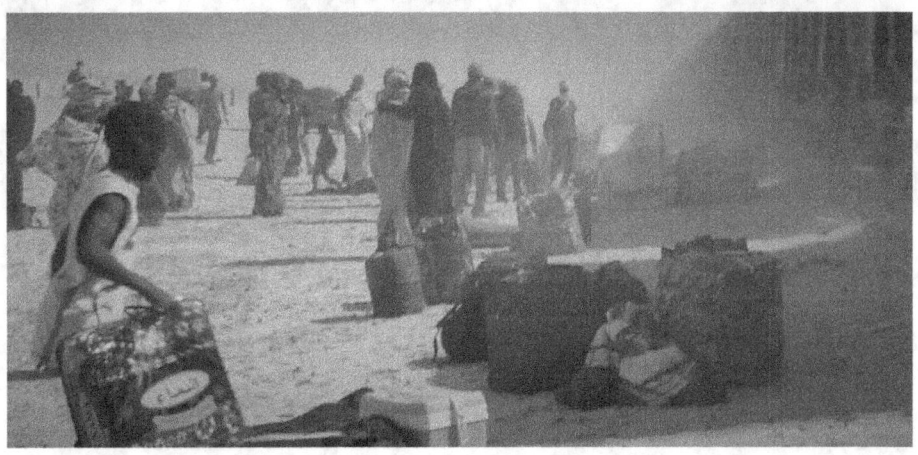

-¡No vamos a entrar todos! ¡Vamos atrás!

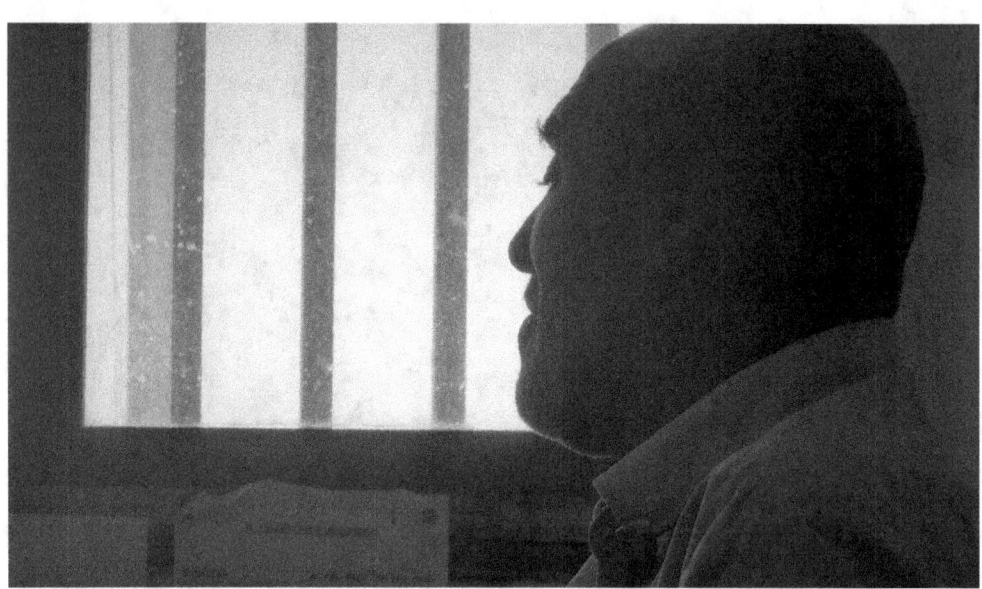
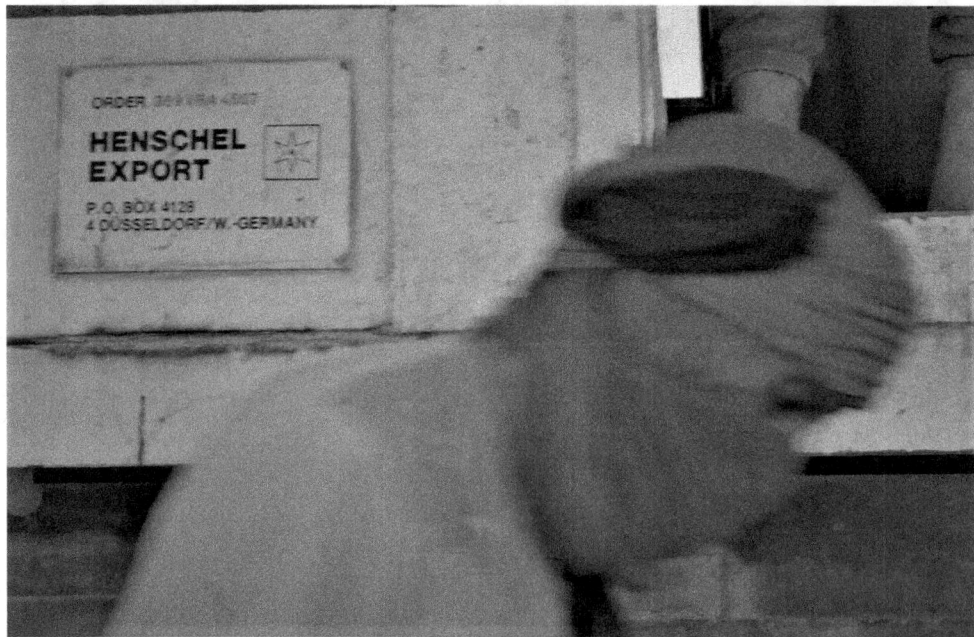

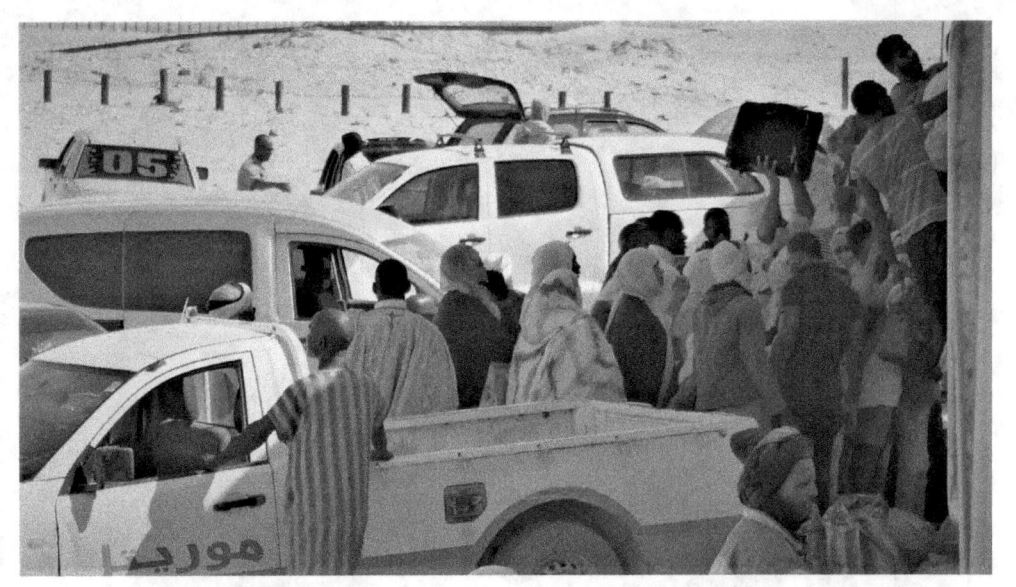

00:06:47:09

SALKA
EN LA TIERRA DE NADIE

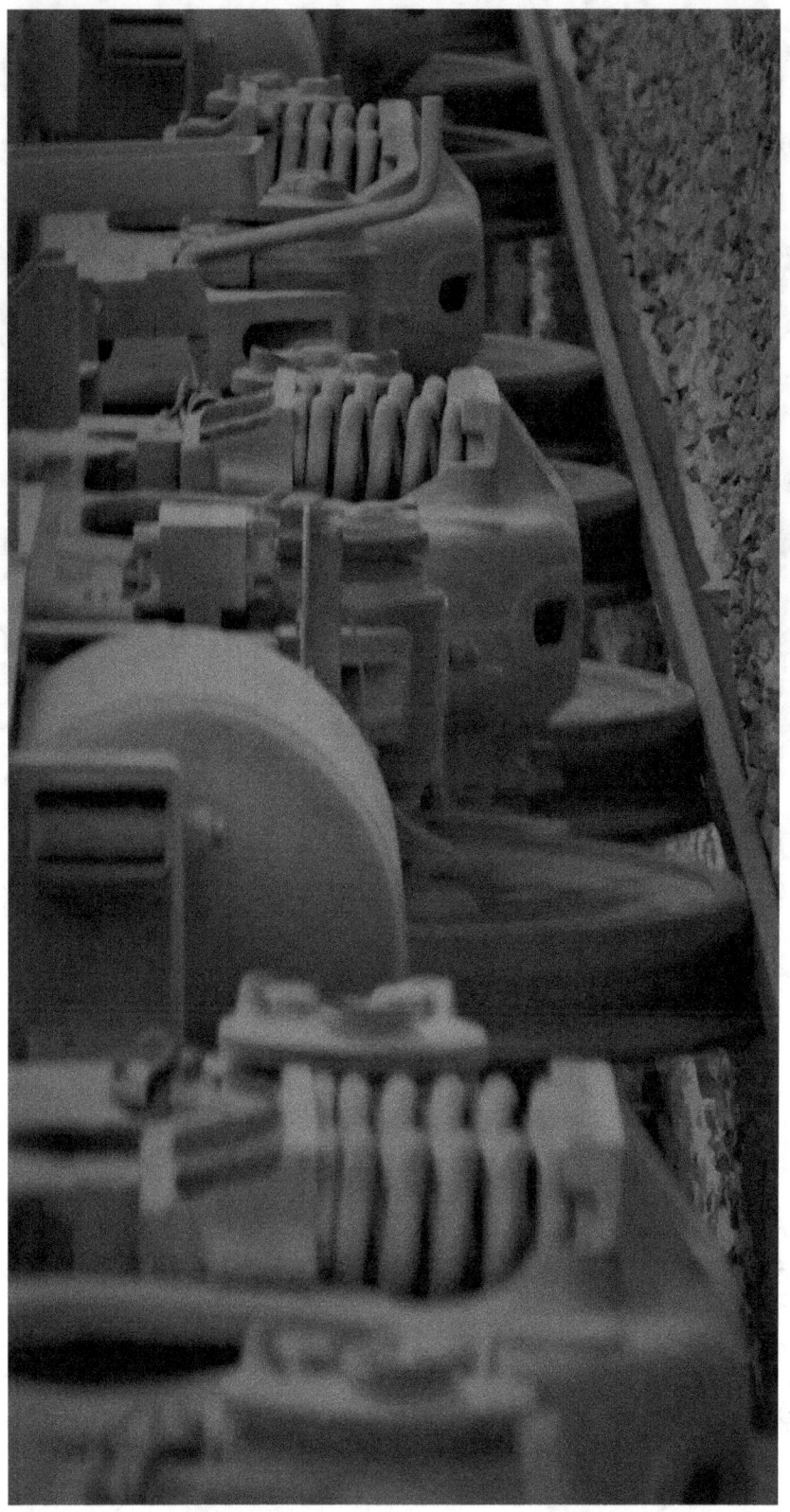

00:06:57:09

Déjame ir.

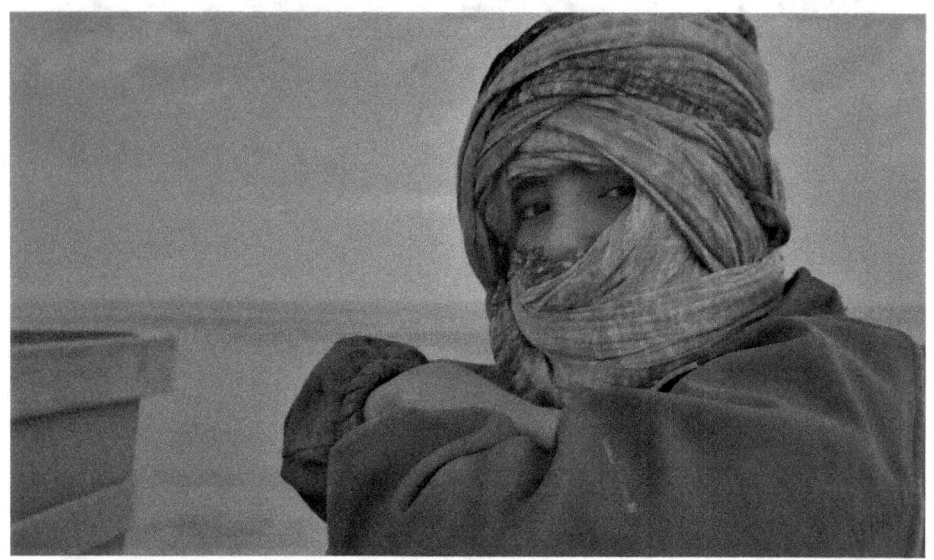

El dónde no importa, solo déjame ir…

*y no quiero que me enseñes el este o el oeste
ni el norte o el sur, solo déjame ir a enseñar
este corazón libre que se encarcela en mi.*

*Me iré de palmada en palmada, de abrazo en abrazo
porque soy de todas las sangres y de todas las creencias.
Me iré a romper las fronteras y mezclar las razas.
Me iré aunque tú no lo quieras a construir a cielo abierto*

*un lugar sin nombre, donde los hombres bajo el sol
se funden en abrazos y perdón
ya que todos tenemos la misma sangre y bajo el sol
la misma sombra.*

Anónimo Touareg.

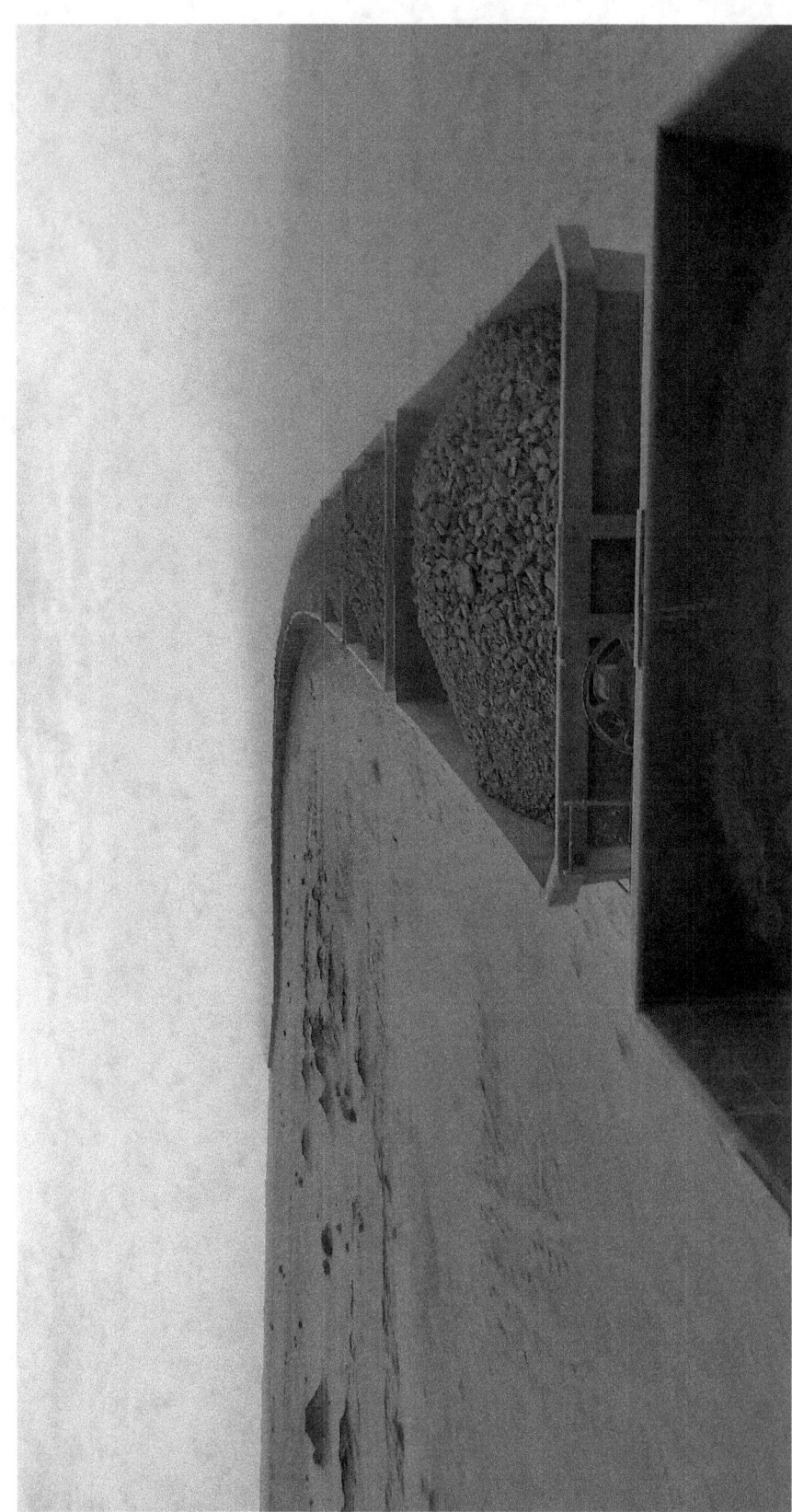

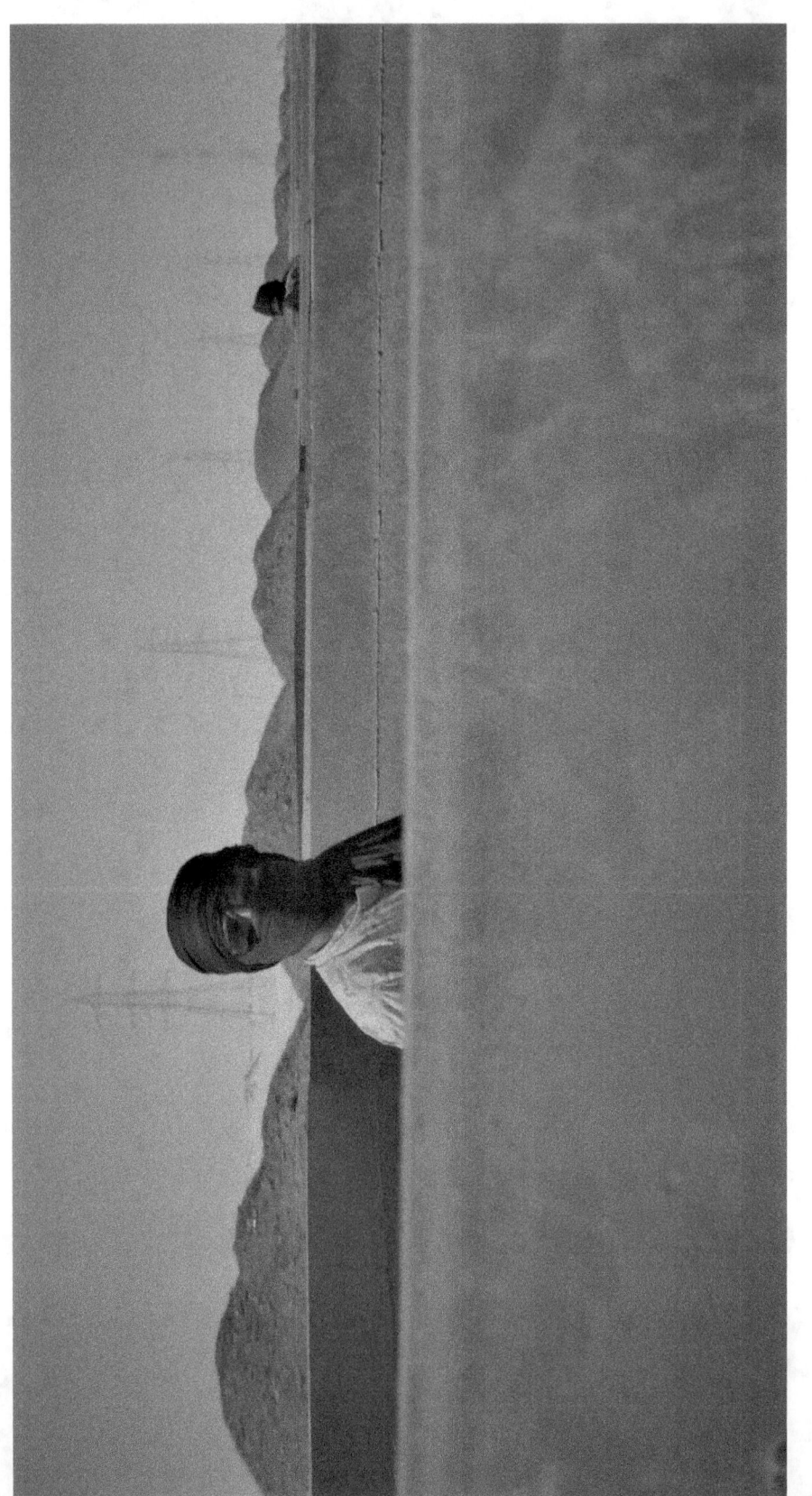

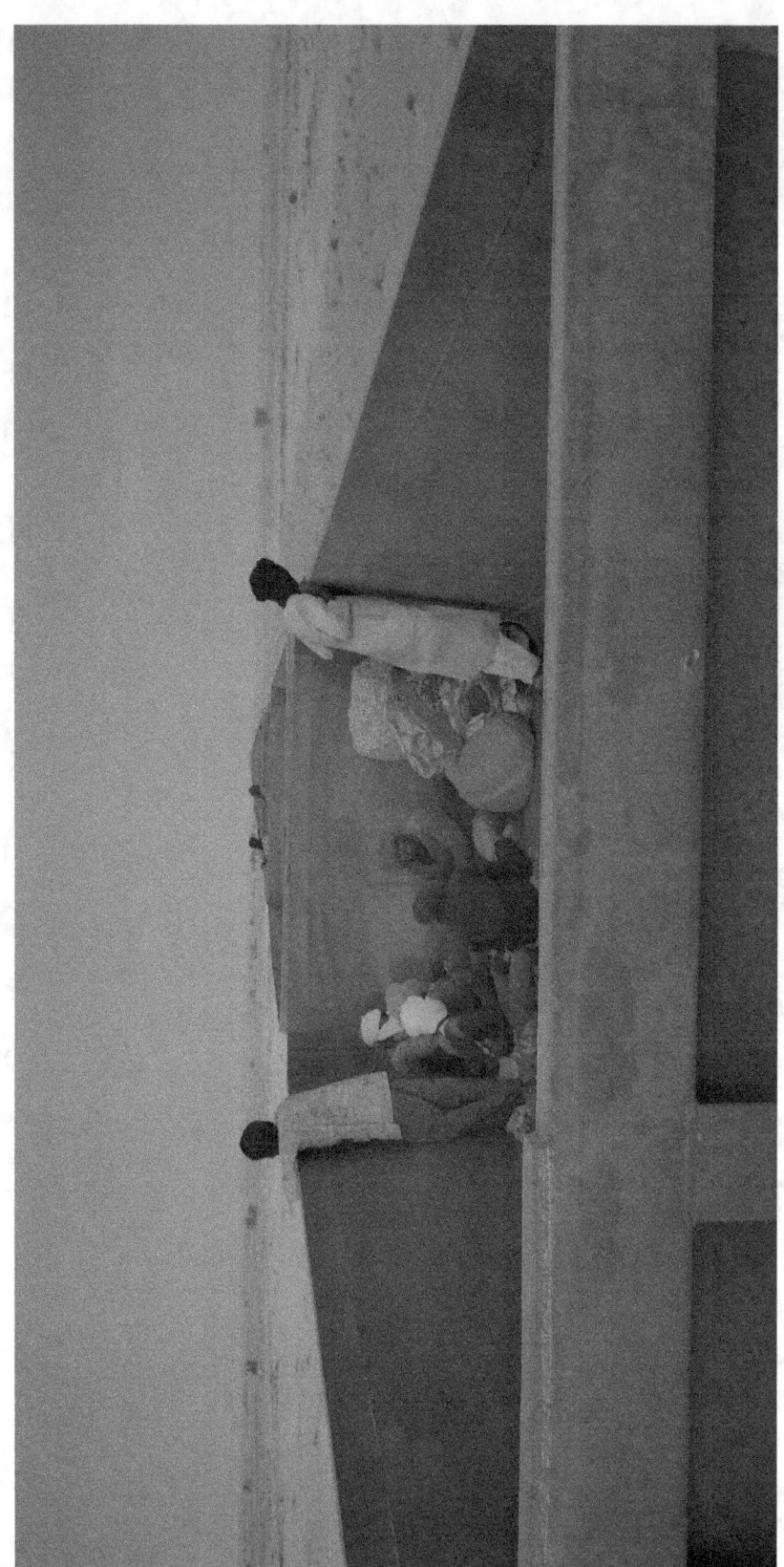

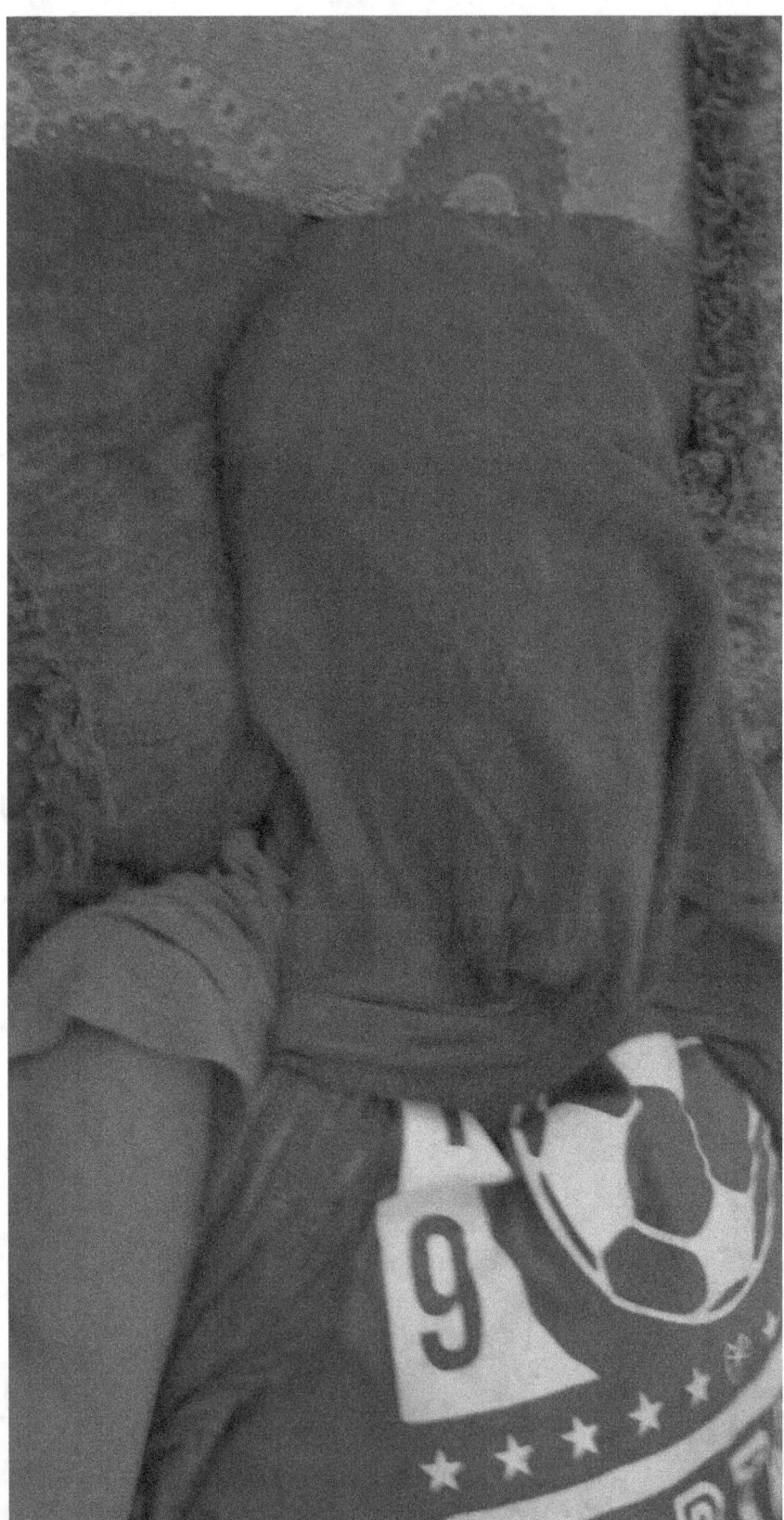

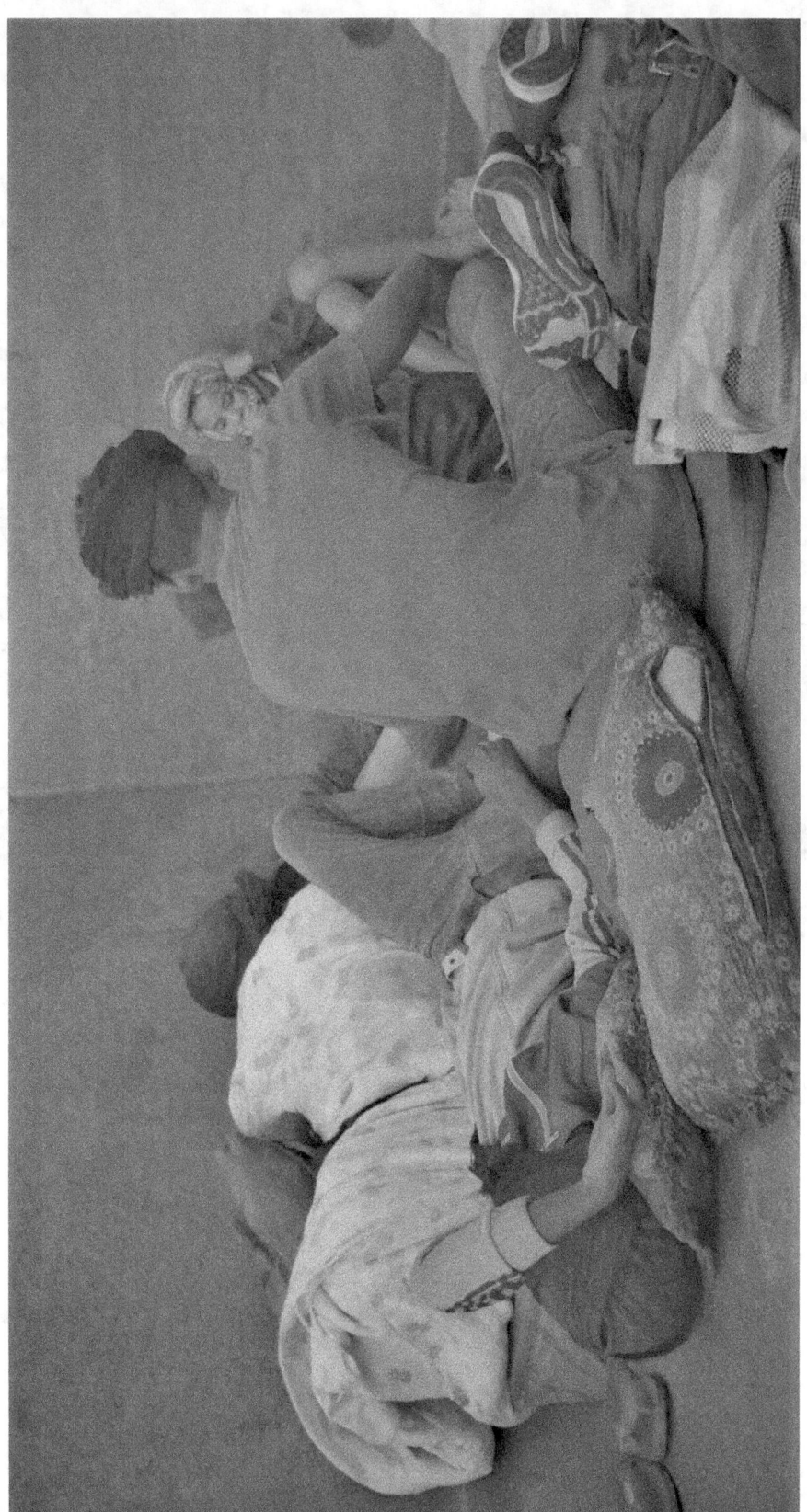

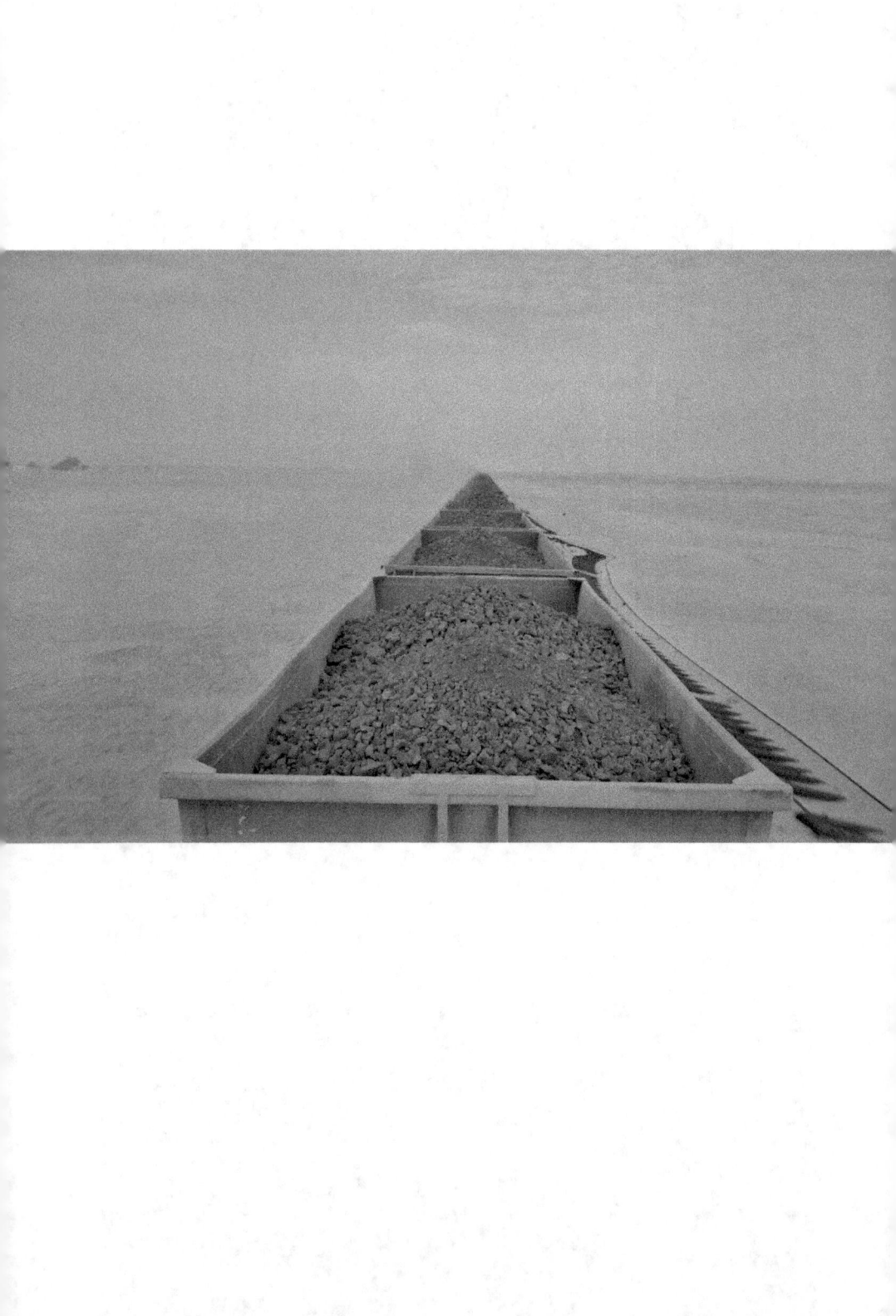

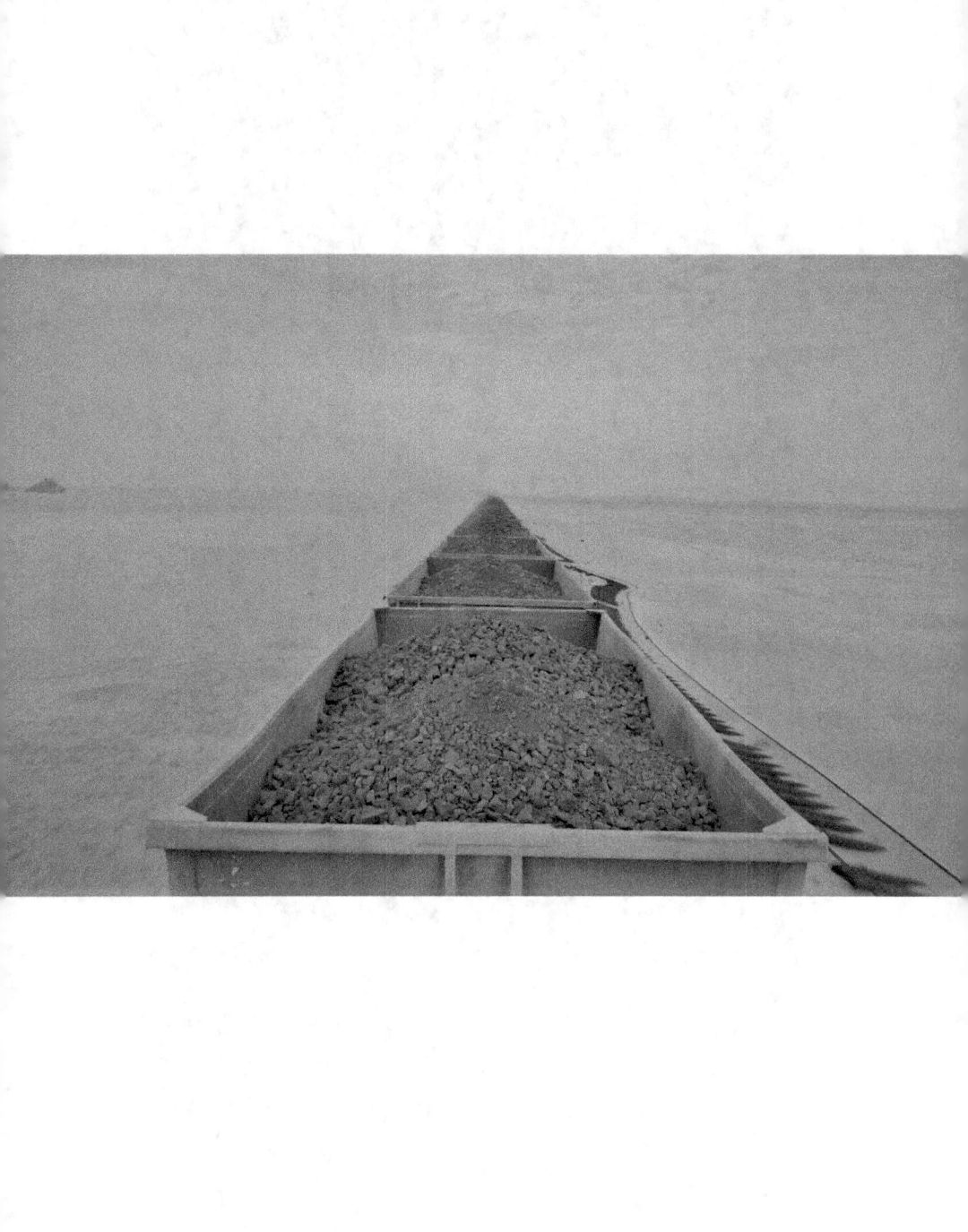

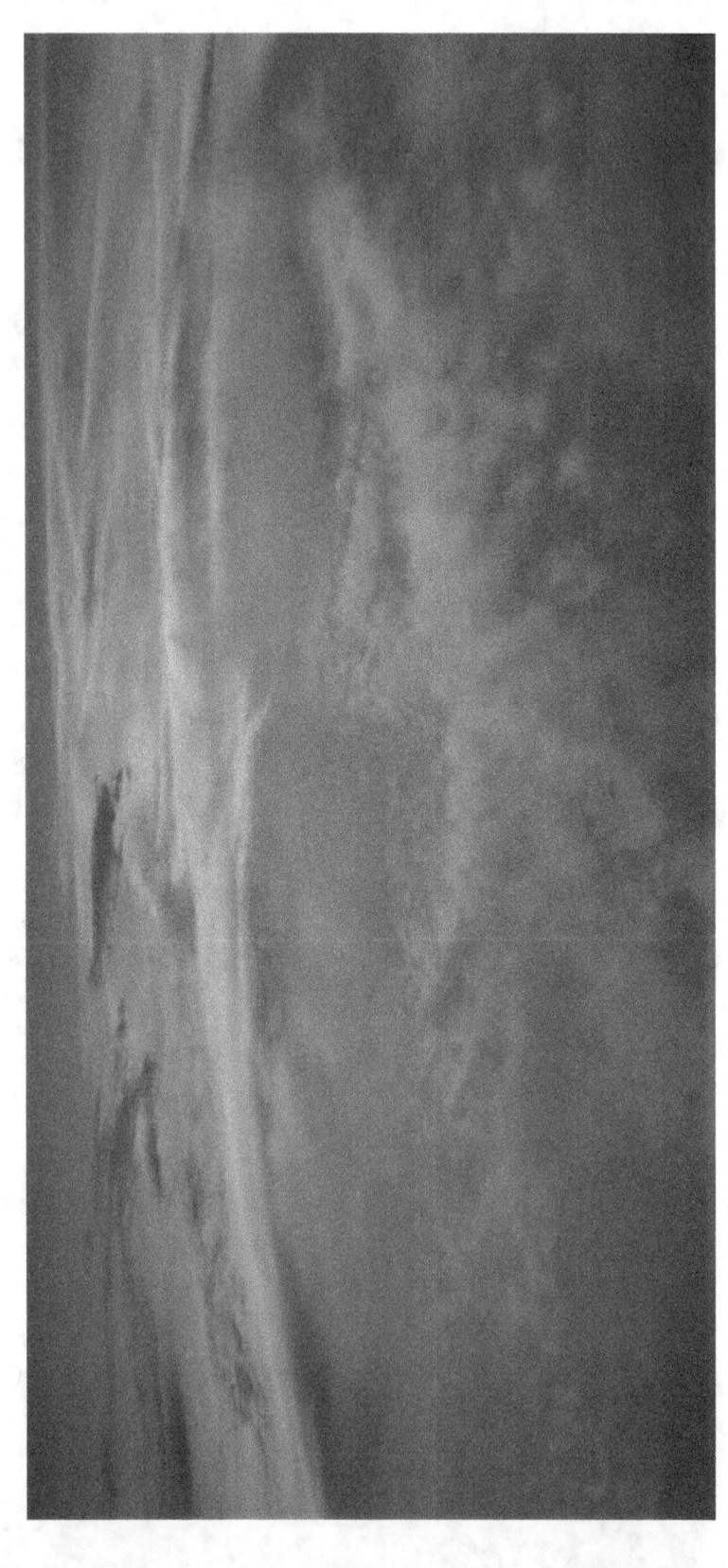

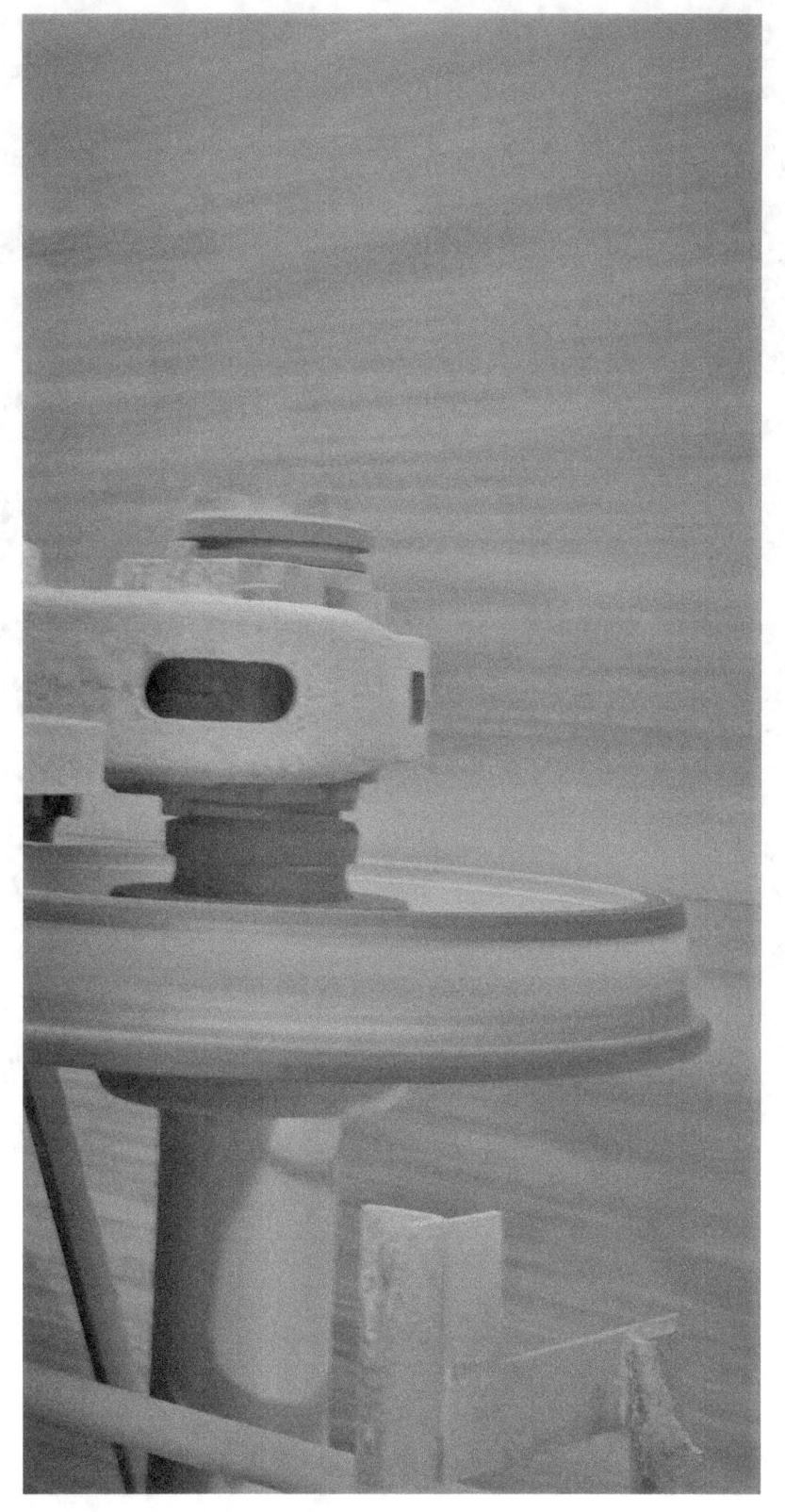

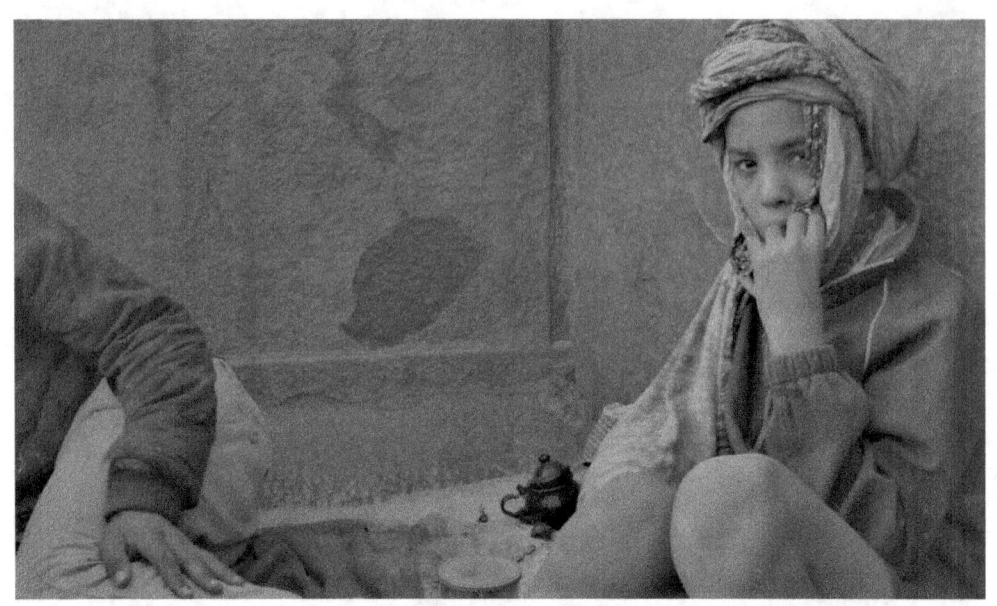
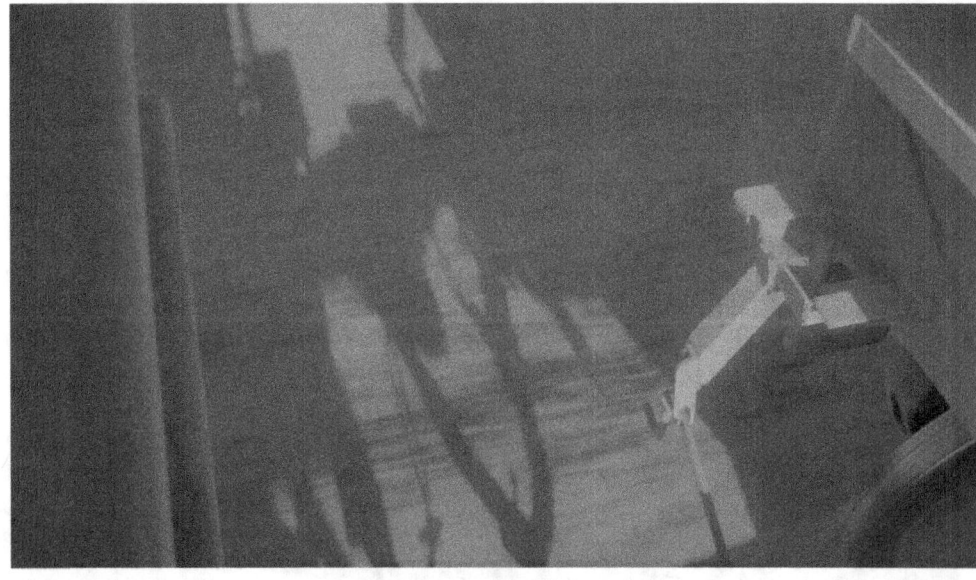

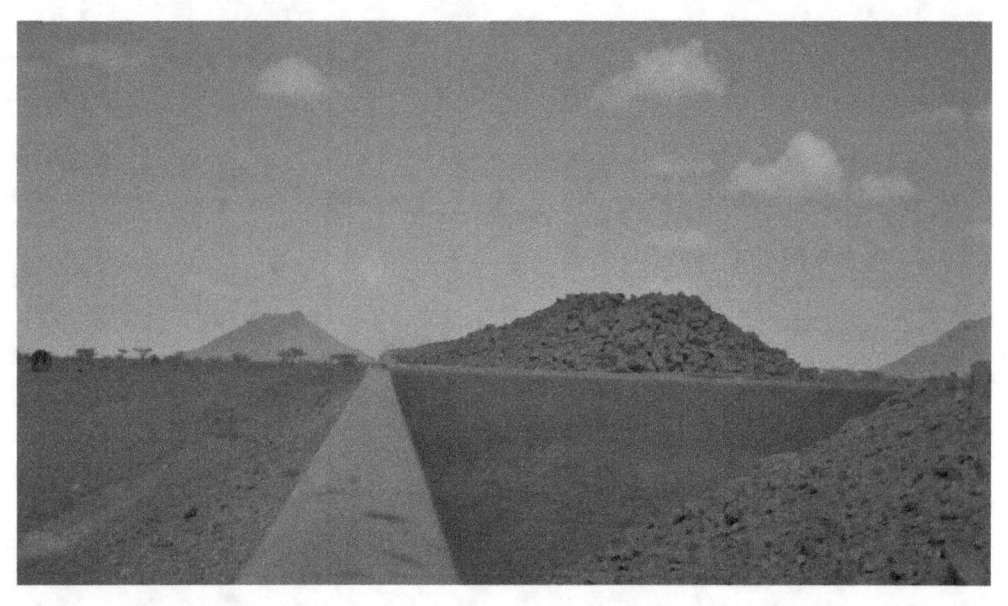
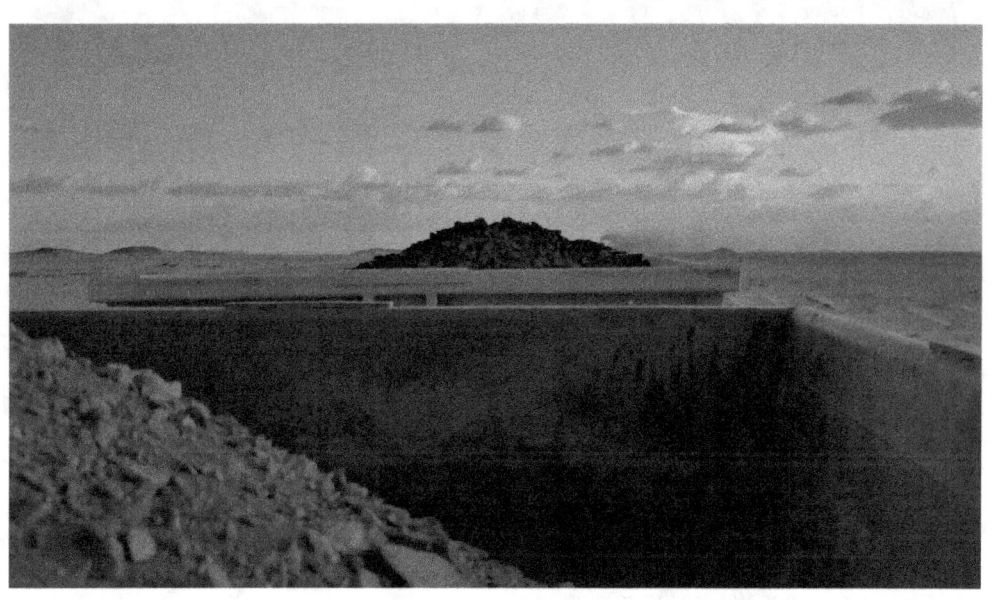

00:38:45:11

Ausencia

Desde los restos de mi cuerpo
azotado por el viento y la lluvia
me renacen las ganas de vivir.

Desde los restos de mi osamenta
busco unas manos
para rascarme la sed
del último dolor
que ahogué entre mis piernas.

Desde esta celda que es mi hogar
reclamo mi soledad
que un día huyó dejándome
entre fantasmas y verdugos.
Si mañana súbitamente desapareciera
el dolor que deforma mis piernas….

Madre, no dejarás
de ser el eco de mi humana voz
que reclama con boca seca mi libertad.

Madre, sé que sufres
sé que el dolor te hace llorar
y que tus lágrimas son de cera y calor.

Madre, sé que te han cegado los ojos
y te han ahogado la voz
para no cantar al mundo tu libertad.

Madre, sé que de tus brazos
te han arrancado tus hijas
que tus senos deseaban
con amor, alimentar
y tu historia y cultura enseñar.

Madre, sabré también que vas a cantar
a cantar con una voz que llegará al mas allá
y cuando amanece, tus brazos se abrirán
para abrazar a tus hijos, que están aquí y allá.

Anónimo Touareg

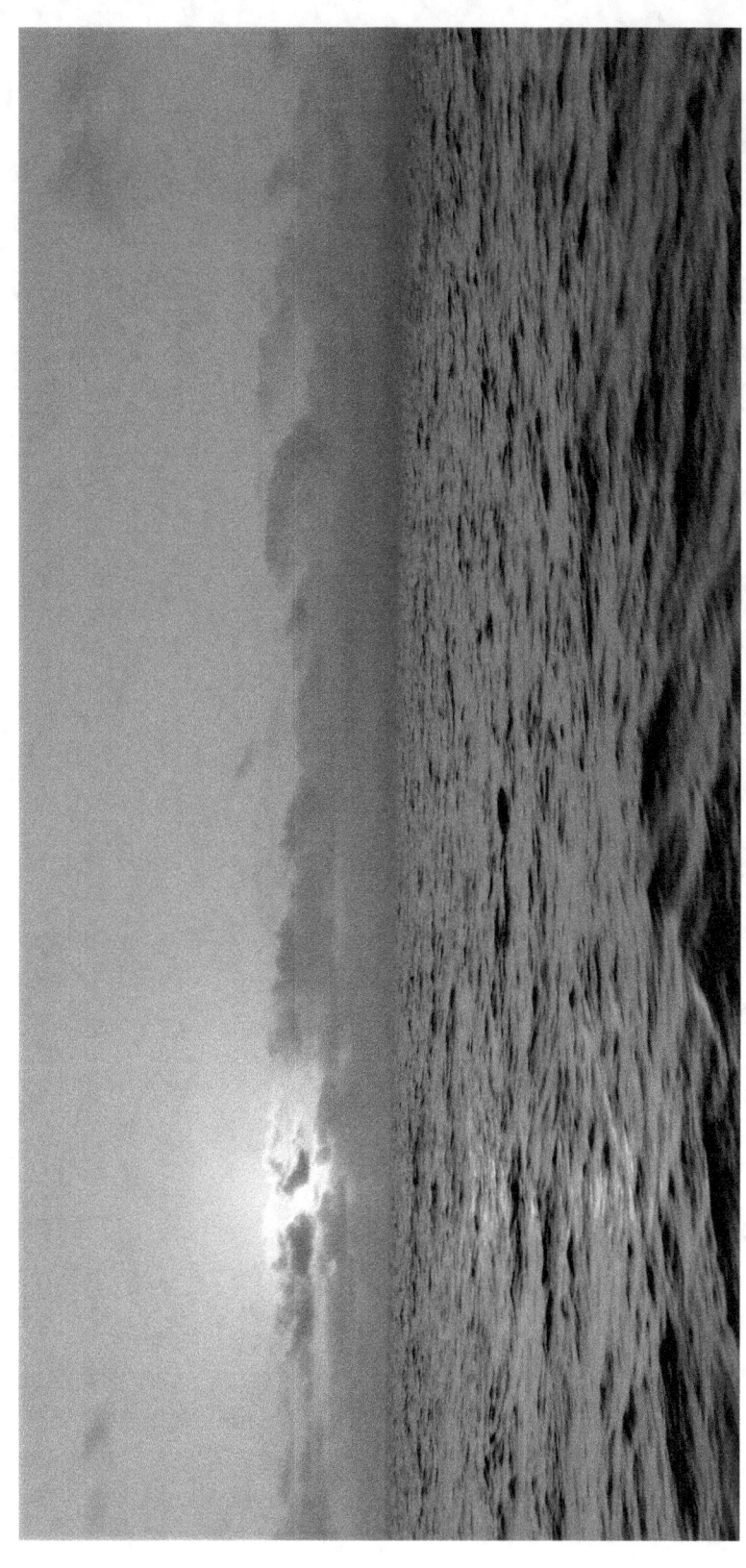

00:40:45:20

EL CEMENTERIO DE BARCOS

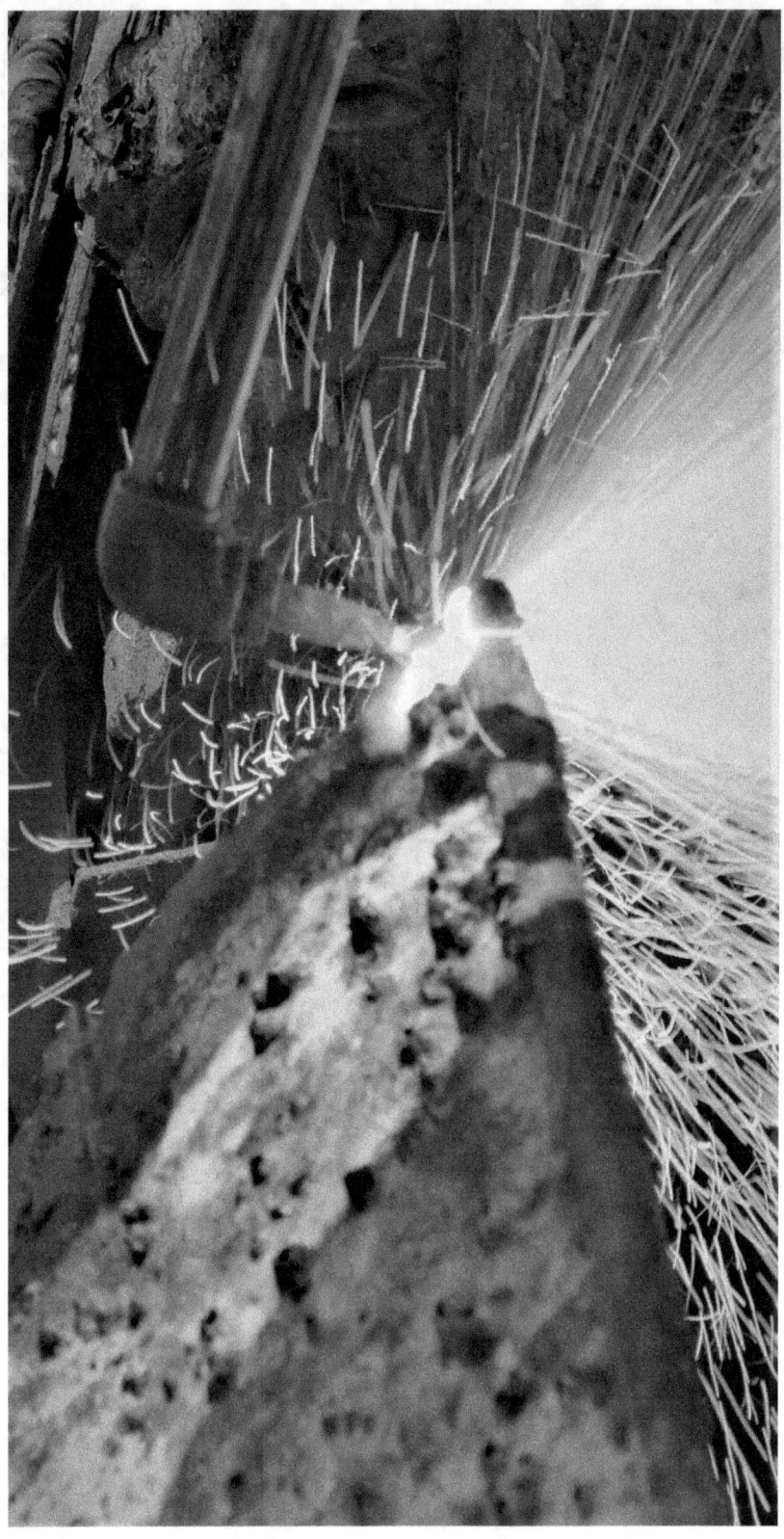

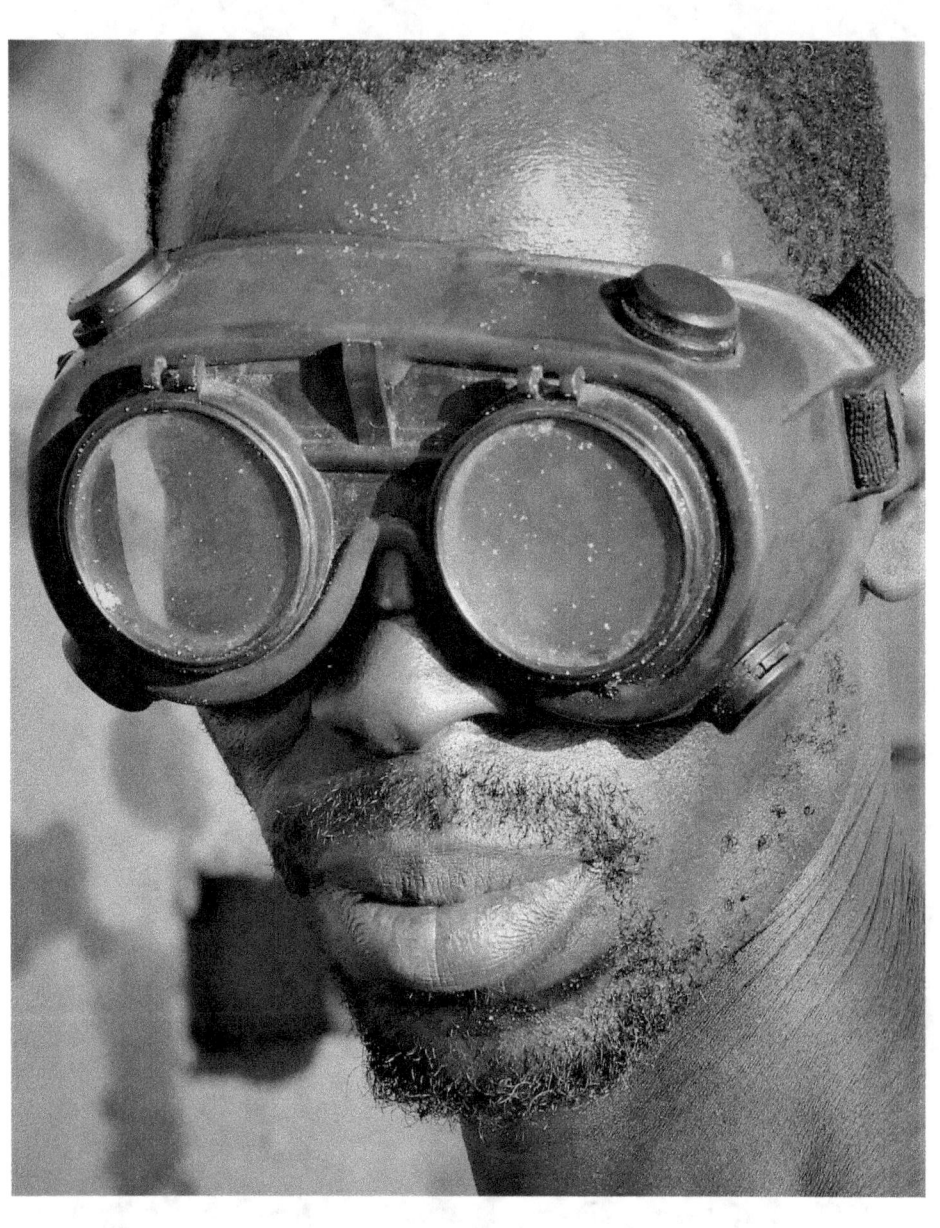

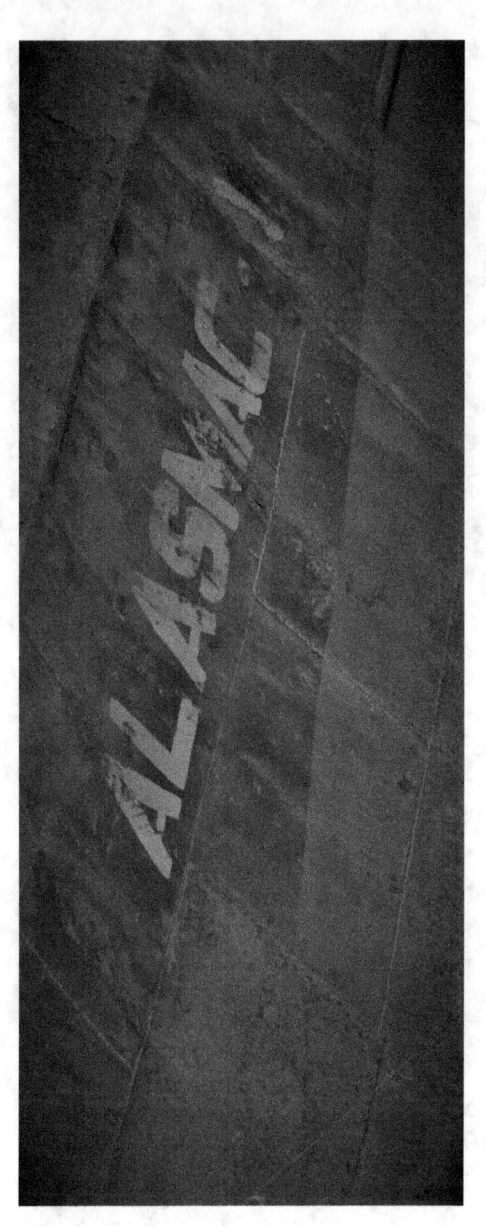

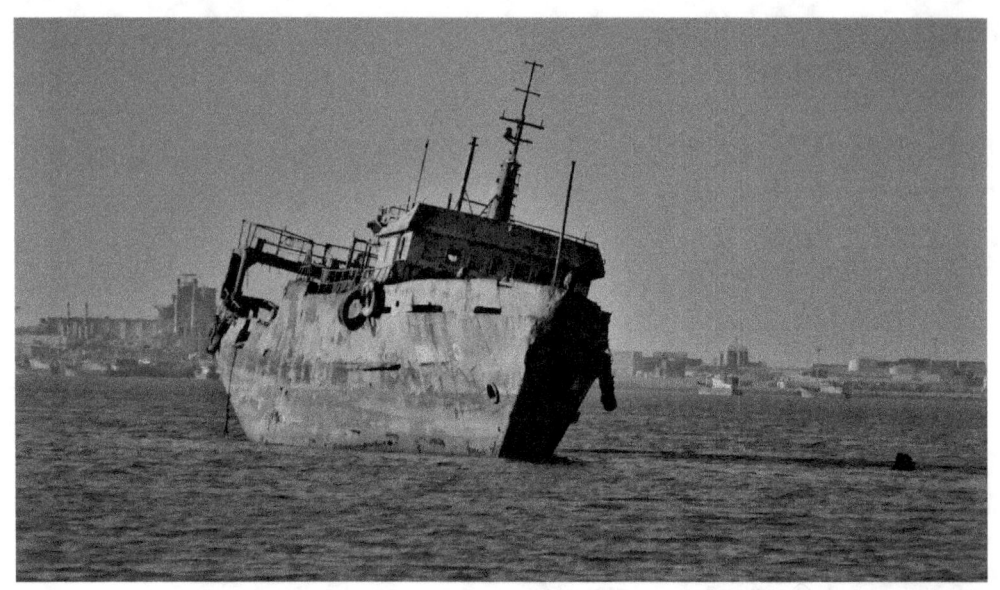

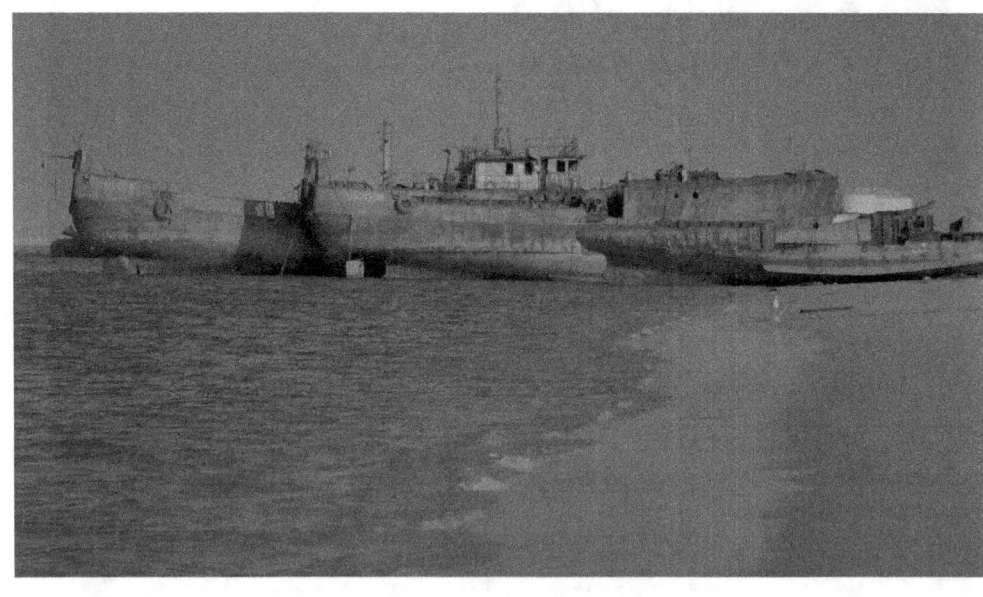

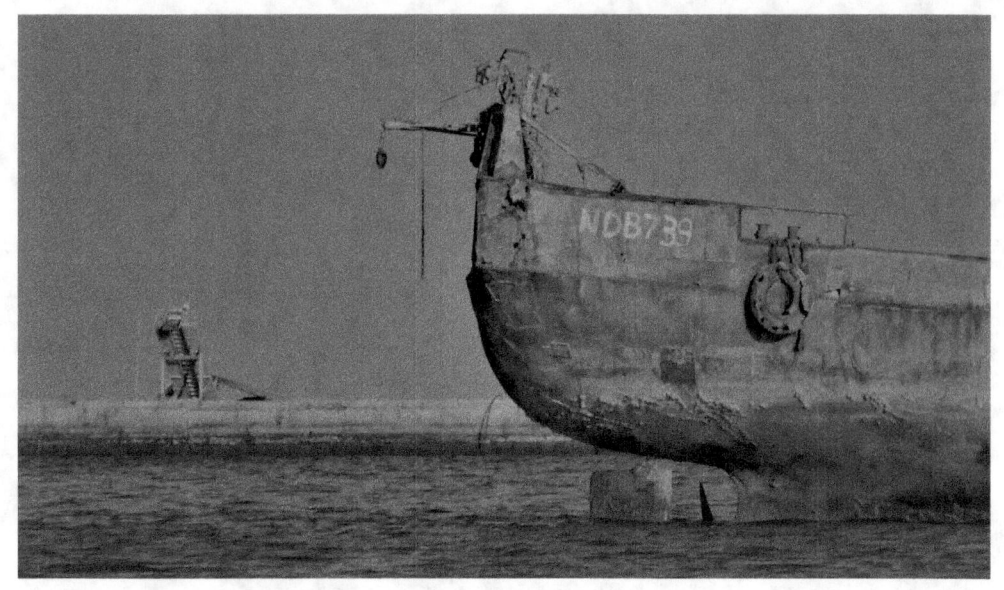
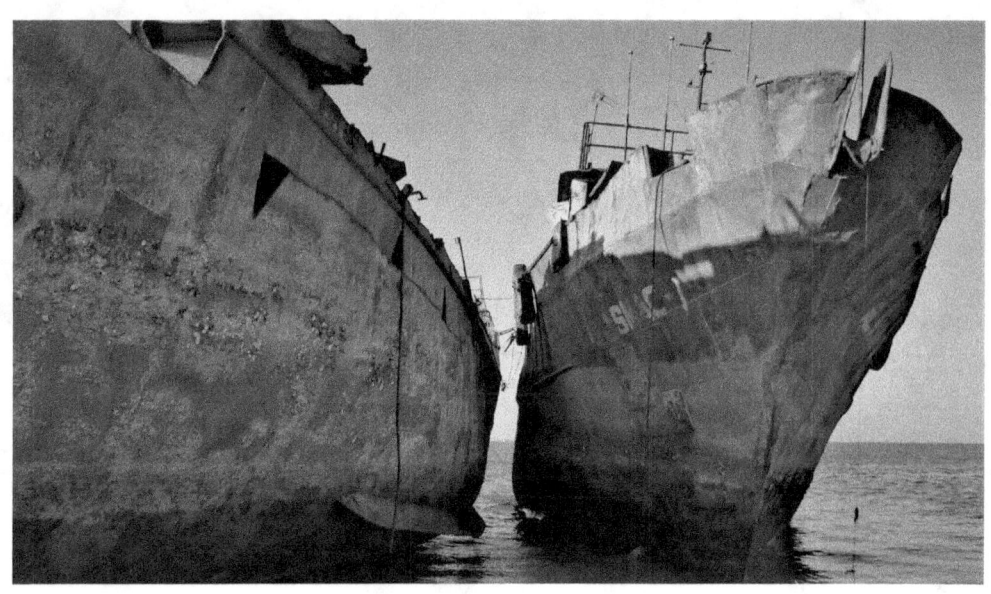

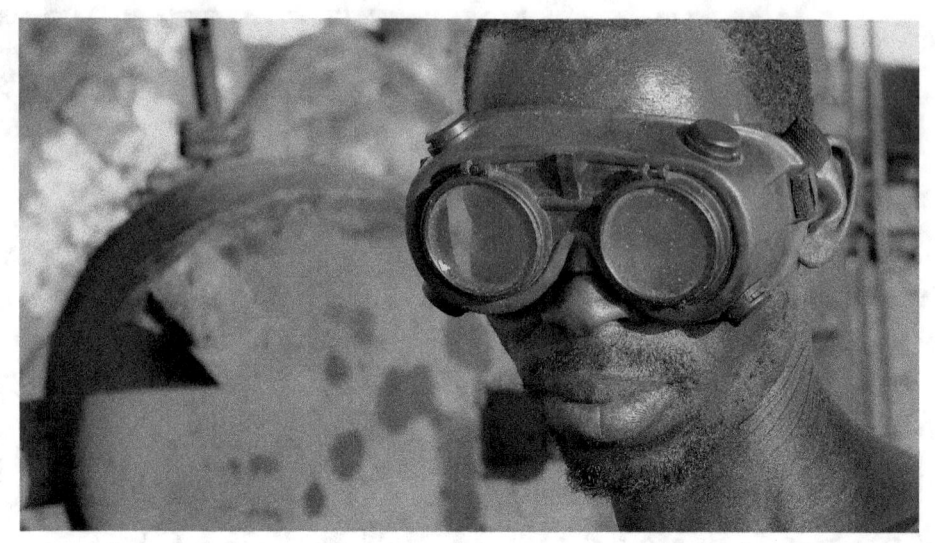

00:38:41:24

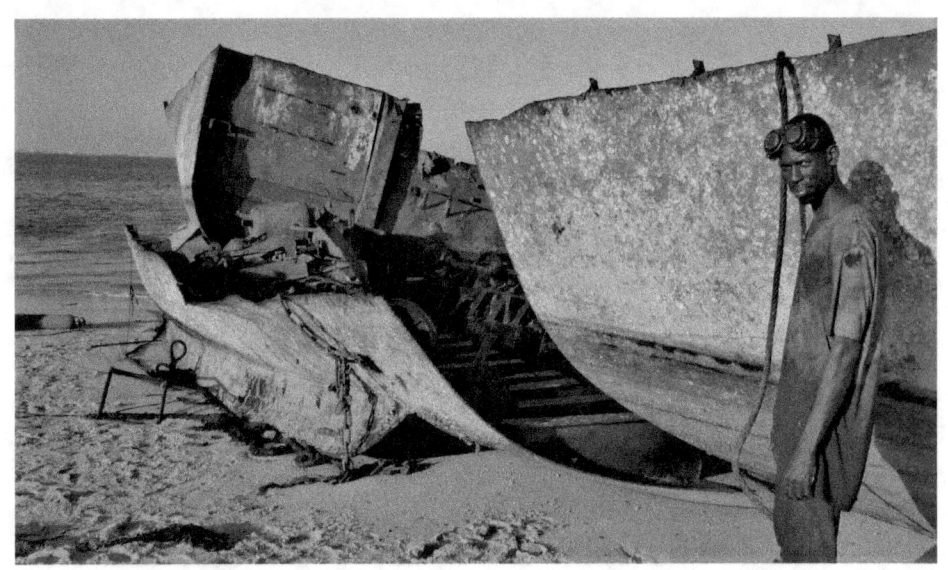
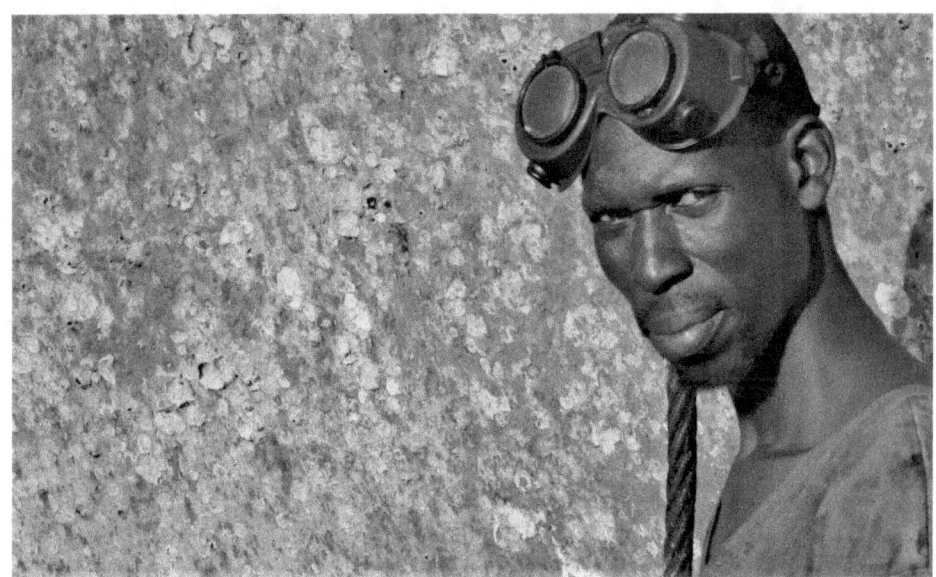

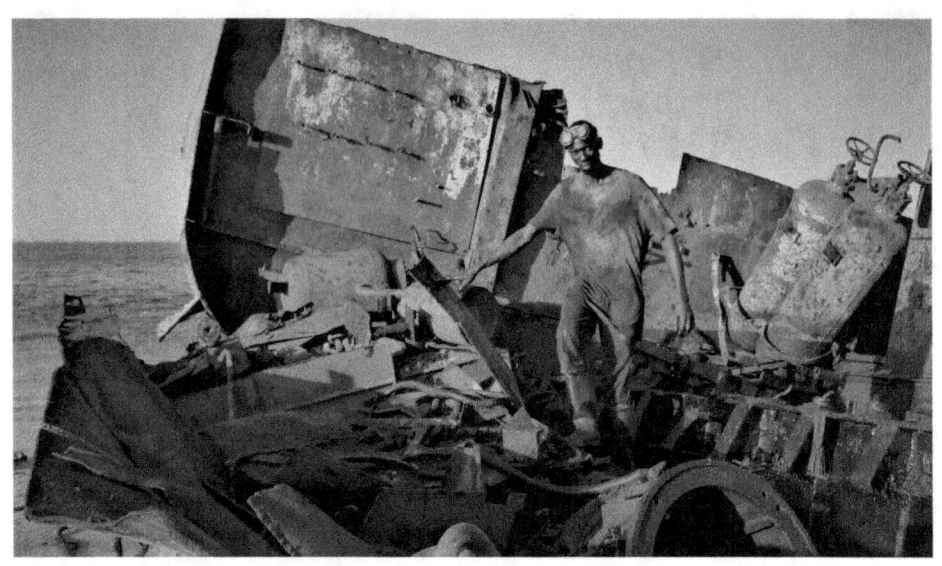
-Tú…Recoge todo ¡Nos vamos al Puerto!

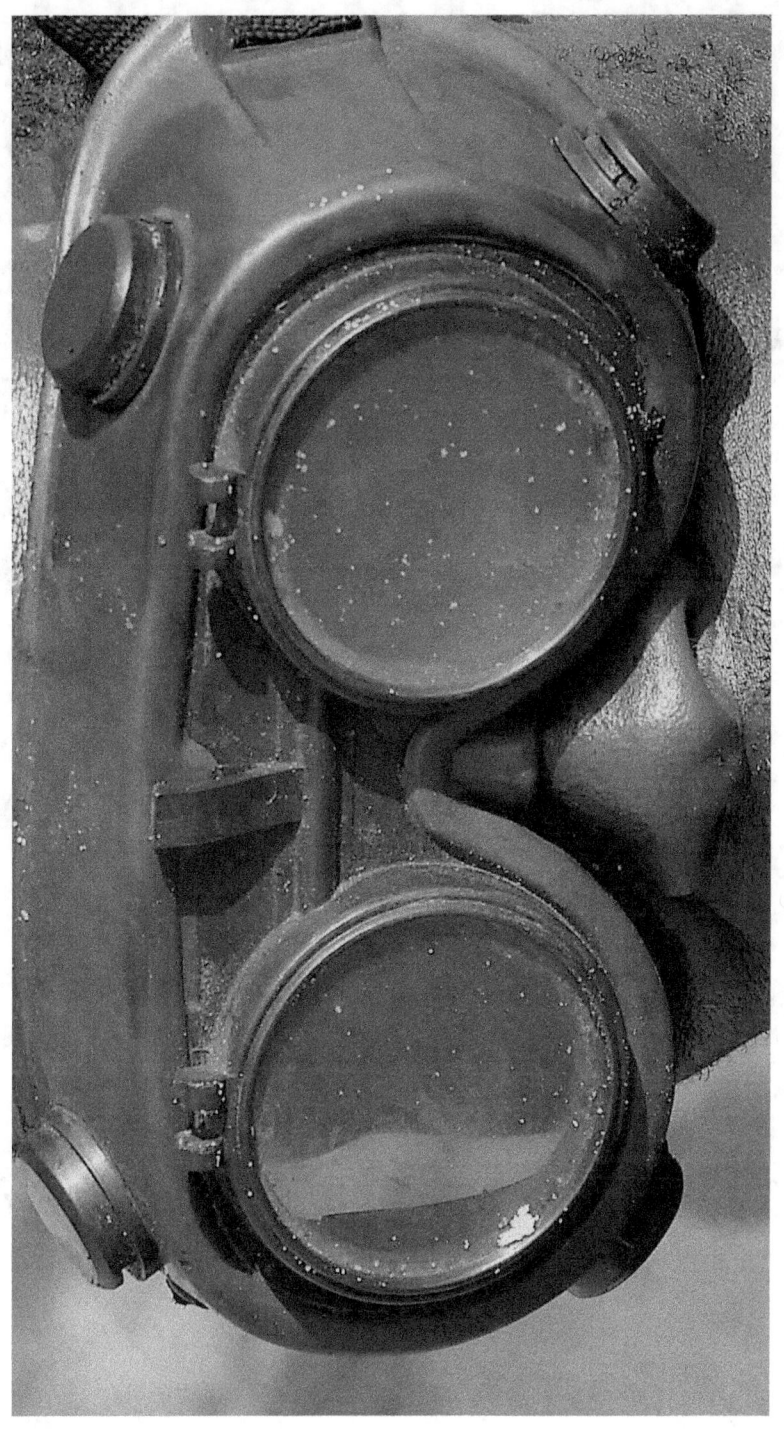

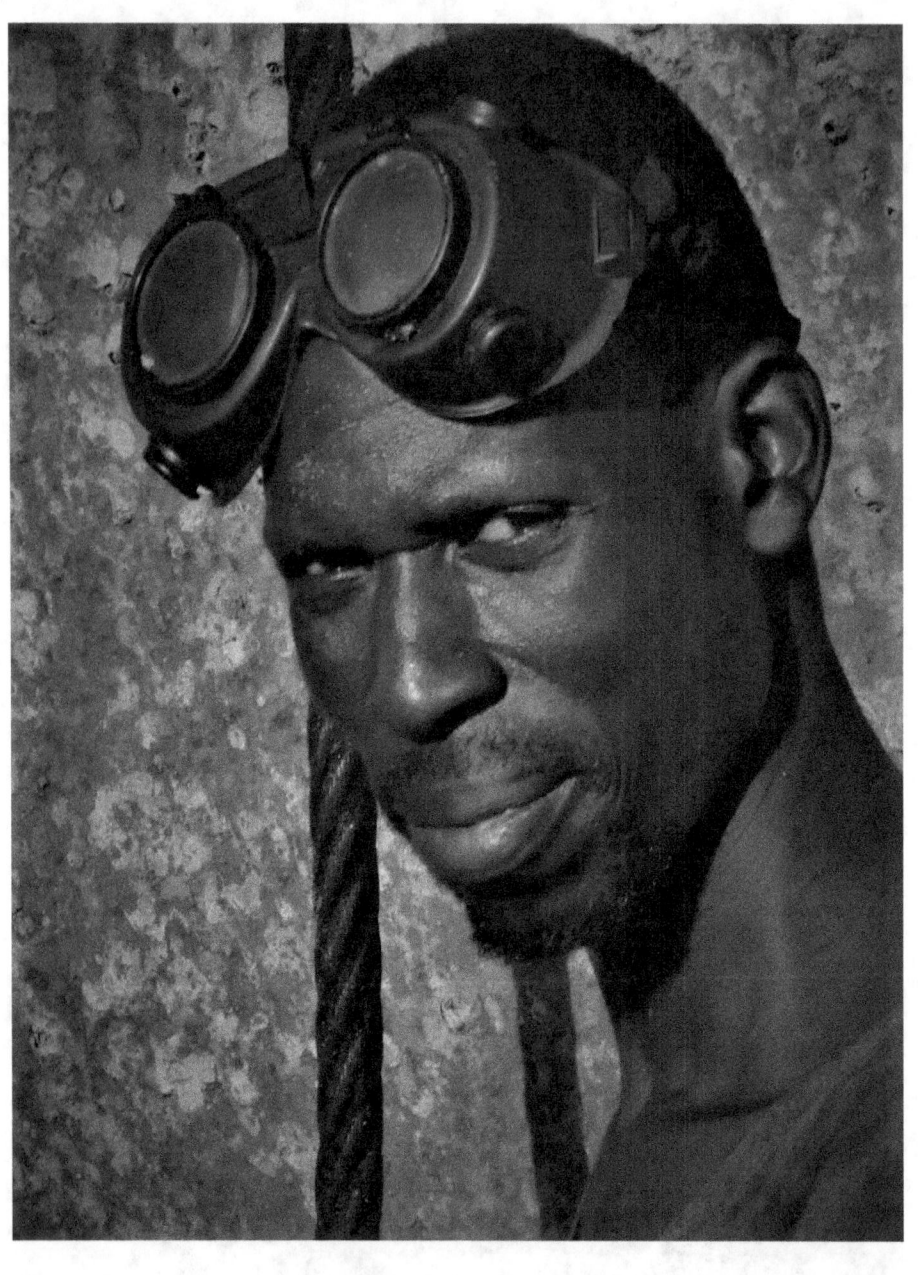

00:14:20:15 - 00:16:02:21
CAYUCOS

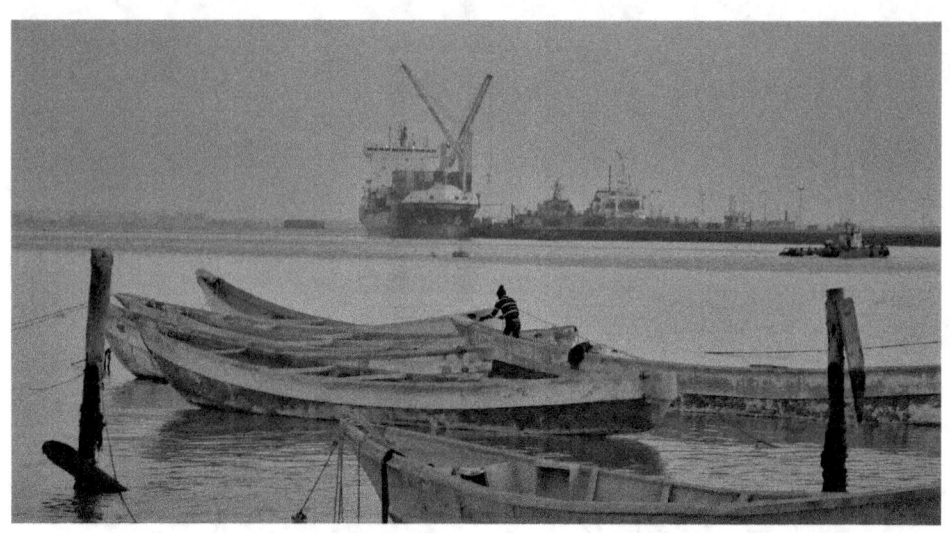

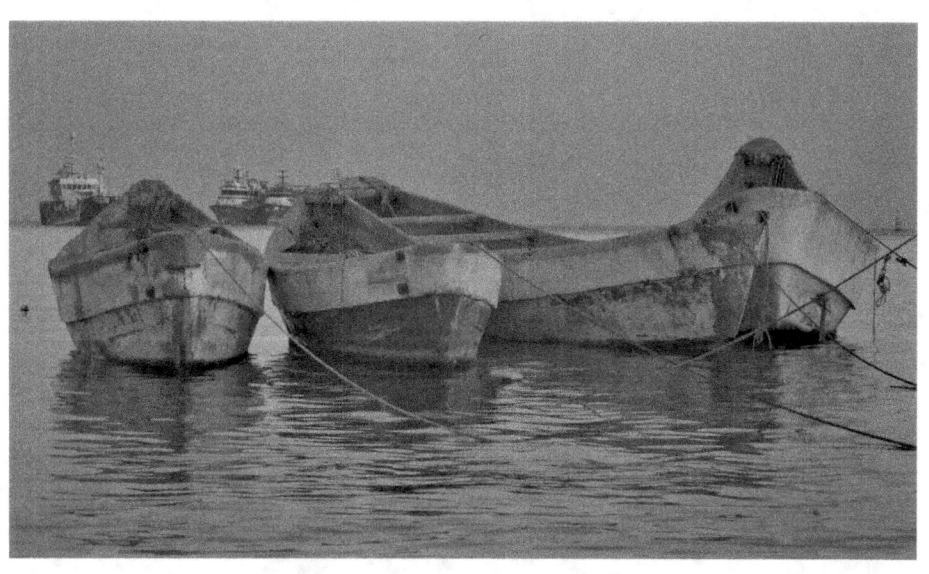

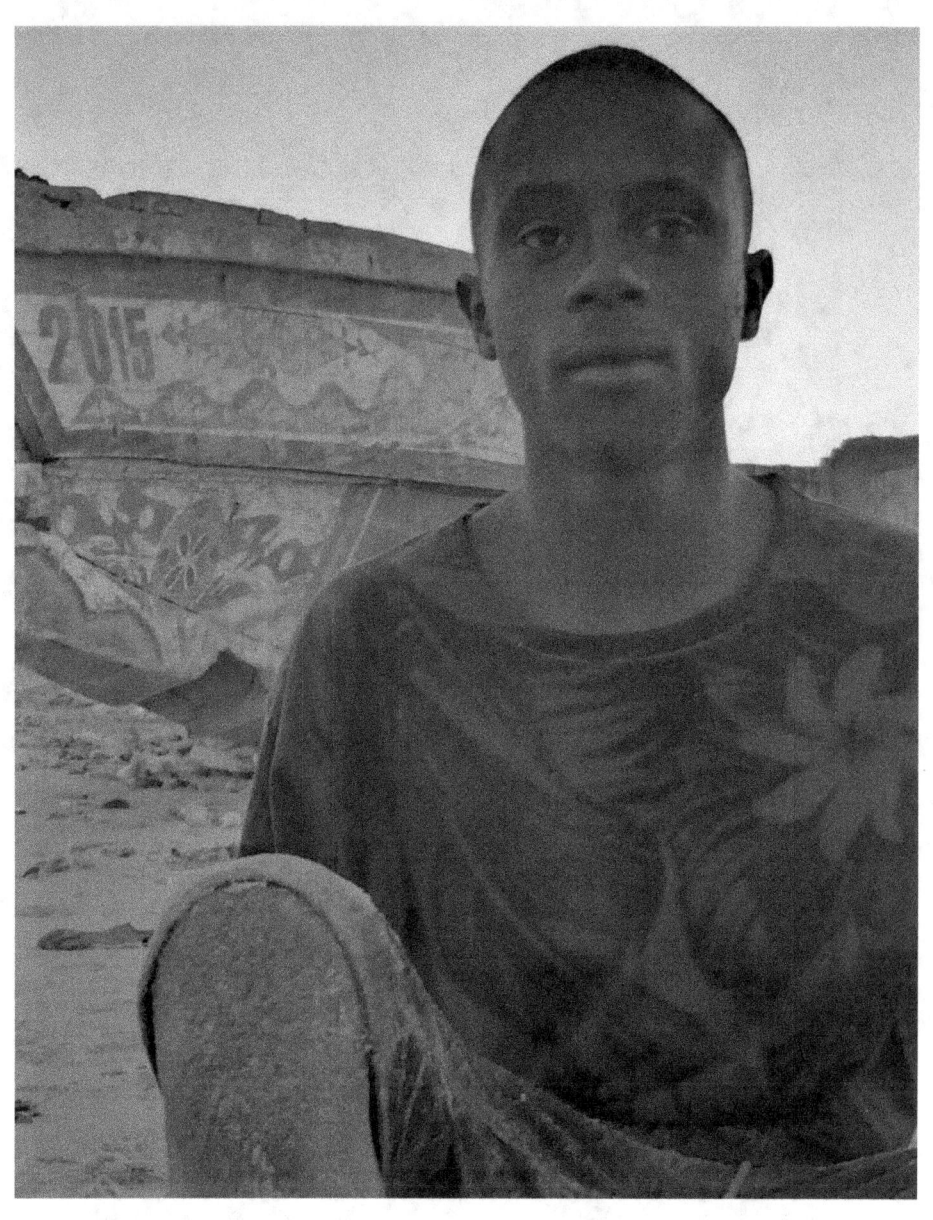

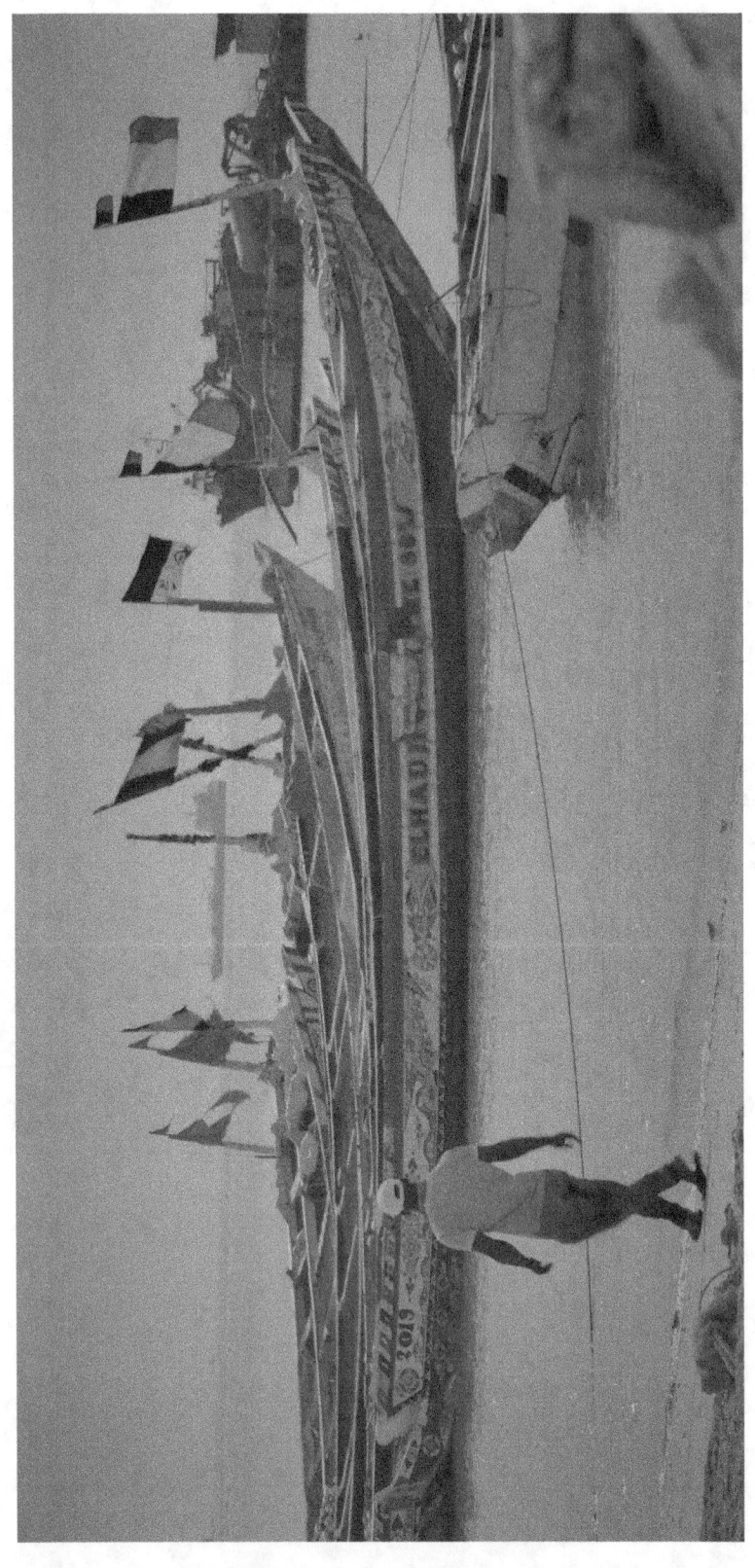

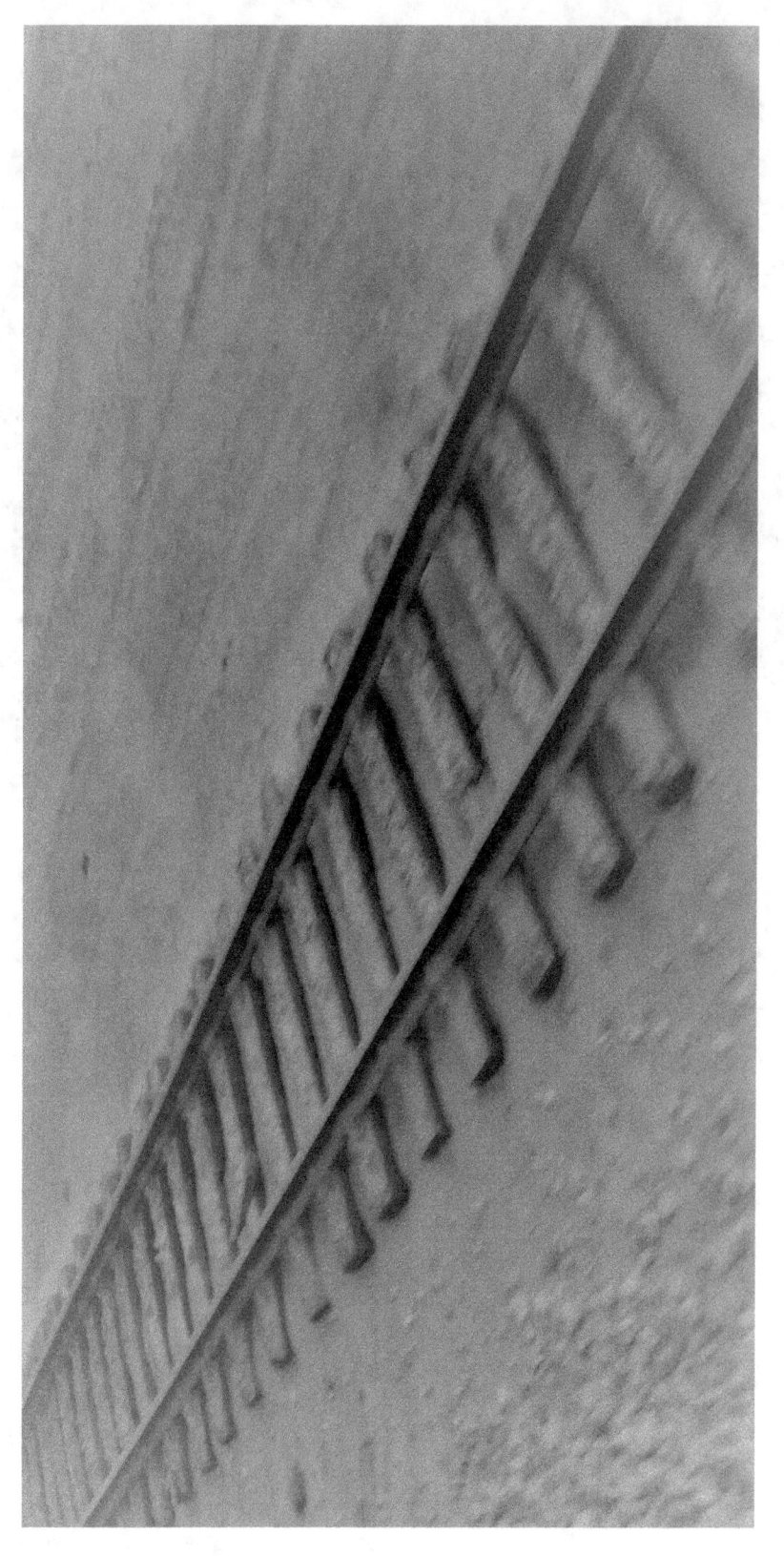

SALKA EN LA TIERRA DE NADIE

Salka es una joven mauritana que vive en la región de Zuárate, al norte del país, que no acepta su futuro en Mauritania.

Con la ayuda de su Madre y un contacto en Nouabidhou, decide abandonar el país y tomar el tren del Sahara disfrazada de chico.

El tren de la SNIM, conocido como el tren del desierto o del Sahara, se convierte en el hilo conductor de la película. Este tren és el más largo del mundo, puede llegar a los 3,5 Km y nos traslada desde el norte de Mauritania, con parada en Zuárate, hasta la costa atlántica, en la bahía de Nouadhibou, donde esperan los grandes mercantes para embarcar su mercancía rumbo Europa o China.

Su recorrido de 700 Km bordea la llamada "Tierra de nadie". La conflictiva frontera entre Mauritania y el Sahara Occidental, con Marruecos invadiendo constantemente la zona, se convierte en el escenario del largometraje.

La bahía de Nouadhibou, desde el fronterizo Faro de Cabo Blanco, hasta el Puerto Francés y pasando por el cementerio de barcos, es el centro neurálgico de las salidas de los Cayucos locales en busca de una nueva vida en las Islas Canarias.

«Un hipnótico viaje de movimiento continuo, por un territorio que podríamos calificar de onírico, si no fuera por las calculadas notas de realidad»
— Carles Fabregat

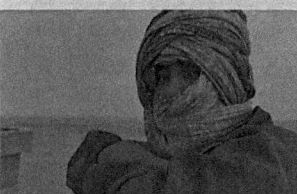
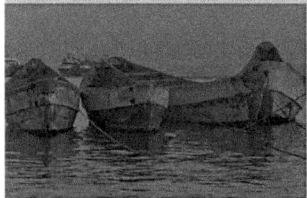
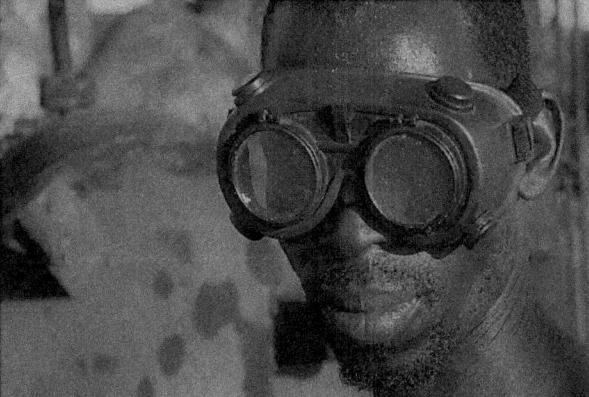

Título original:
Salka en la tierra de nadie
España - Mauritania | 2020
70 min | Color | Árabe, Francés, Español | 5.1 |
1.78 | Subtítulos: Inglés, Español

Producción:
Ibizacinefest
Producción Mauritania:
Achetou Diallo
Productor, director, guionista:
Xavi Herrero
Director de fotografía:
Xavi Herrero
Colaboradores: O.N.G. N.A.D.
Proyecto Colibrí.
Un lápiz, un dibujo

FESTIVALES - MERCADOS
EUROPEAN FILM MARKET
SCREENINGS-BERLINALE 2020

PROYECCIÓN INAUGURAL
IBIZACINEFEST 2020
(PRE-ESTRENO NO OFICIAL)

NEO SCREENINGS
FESTIVAL DE MÁLAGA 2020

CONTACTO
Xavi Herrero
ibizacinefest@yahoo.com
+34 620 434 864
XAVIHERREROFILMS.COM
IBIZACINEFEST.COM

Facebook | Instagram | Twitter
@ibizacinefest

PRODUCCIÓN

IBIZA CINE FEST

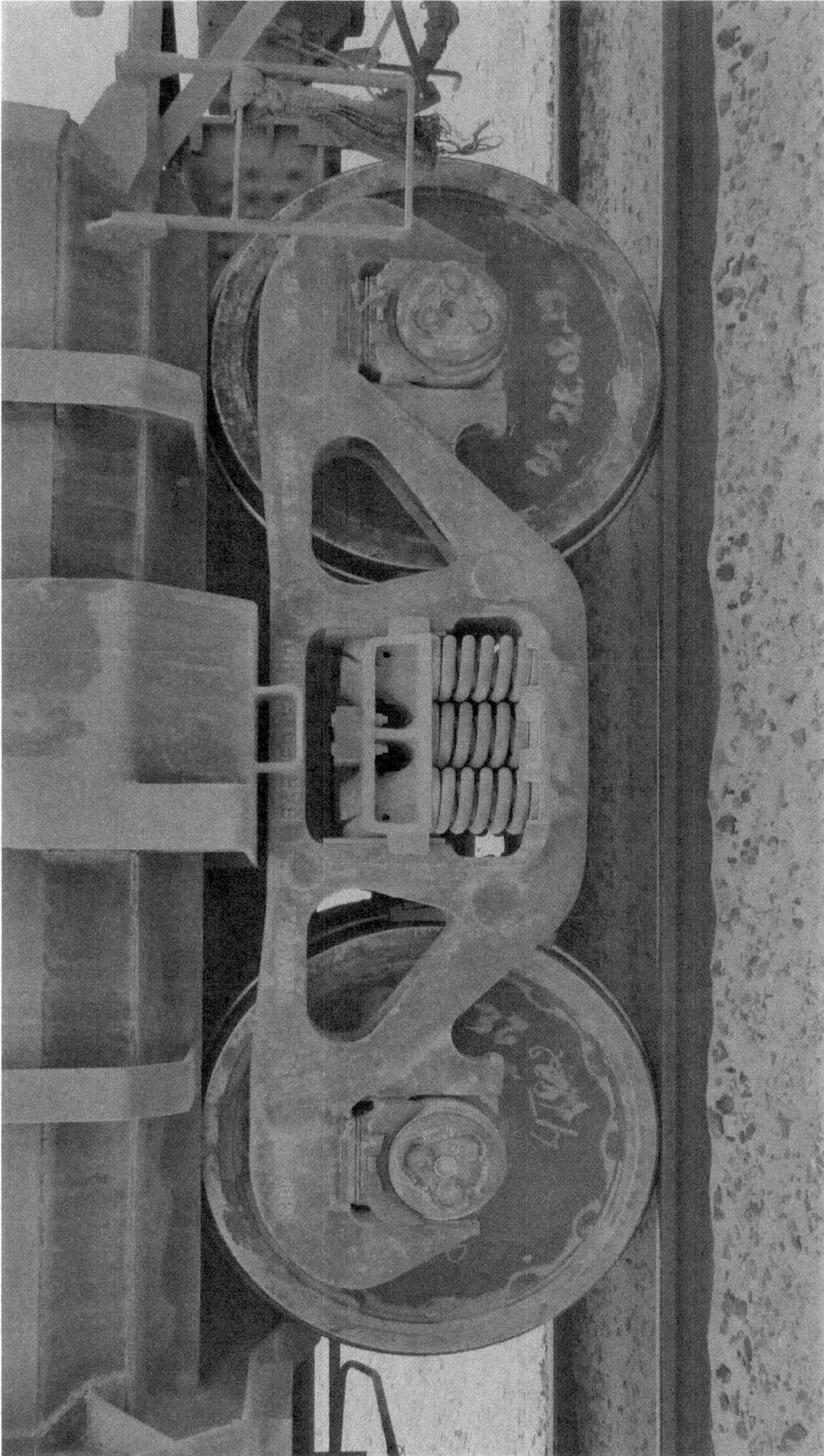

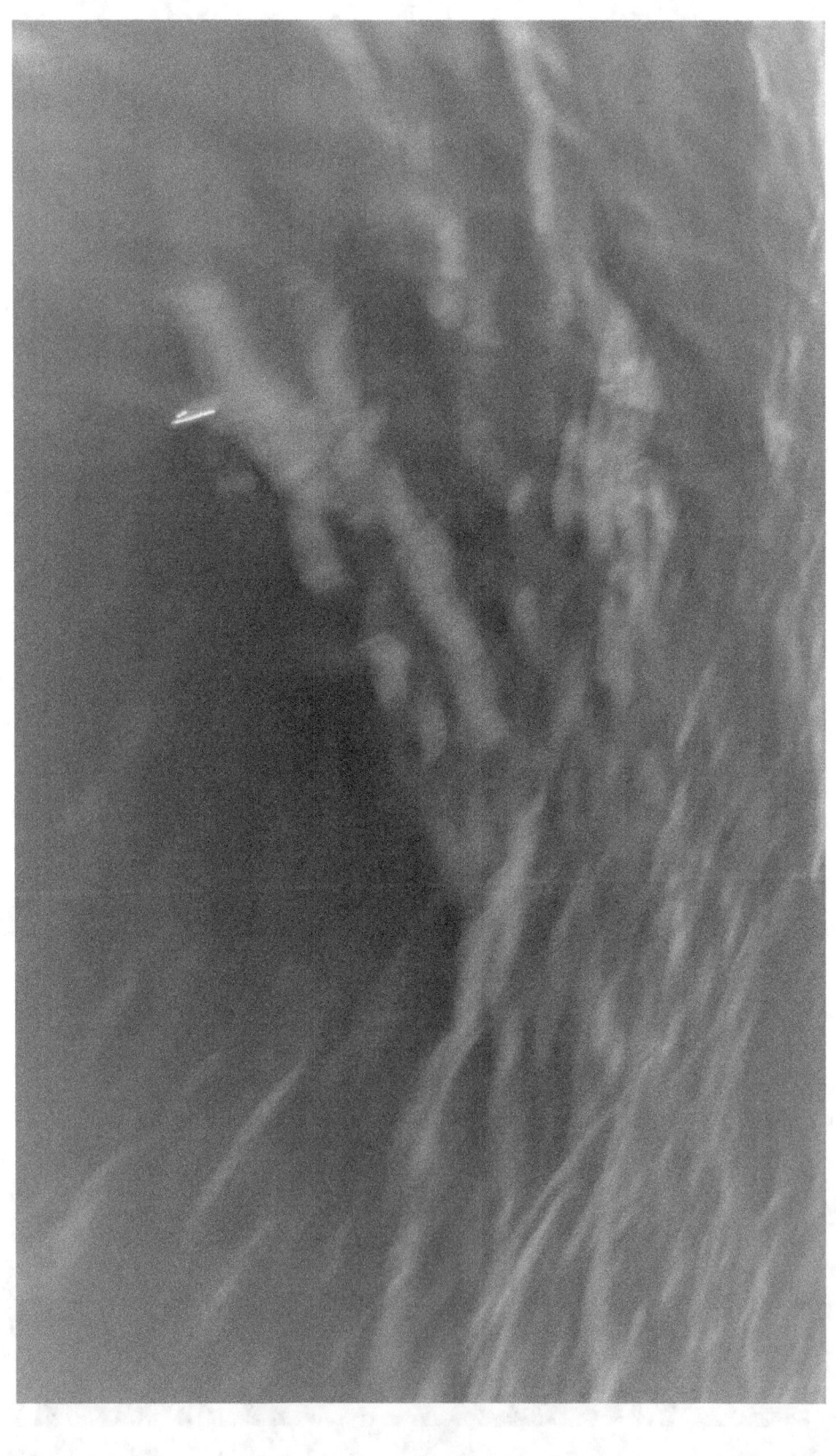

SALKA

EN LA TIERRA DE NADIE

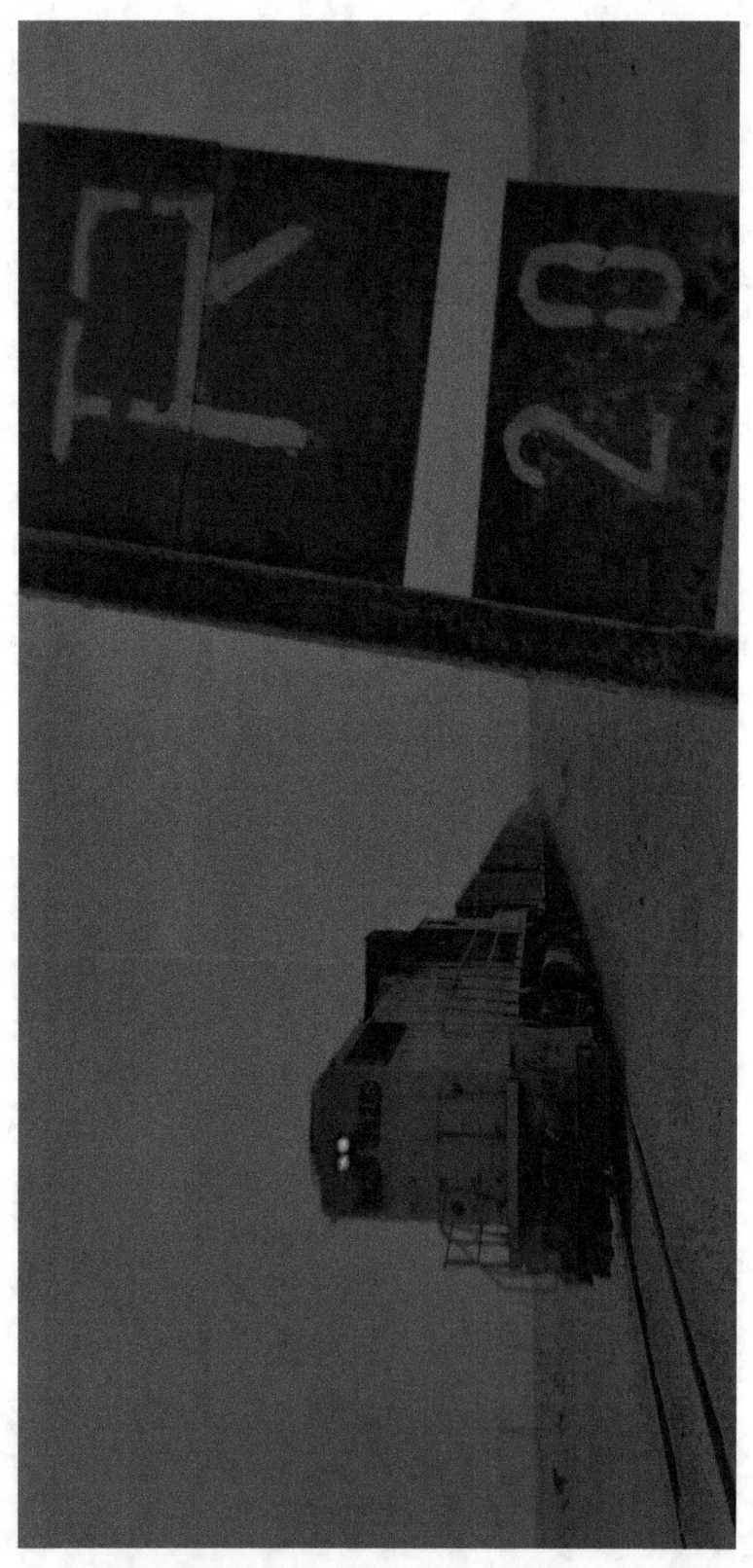

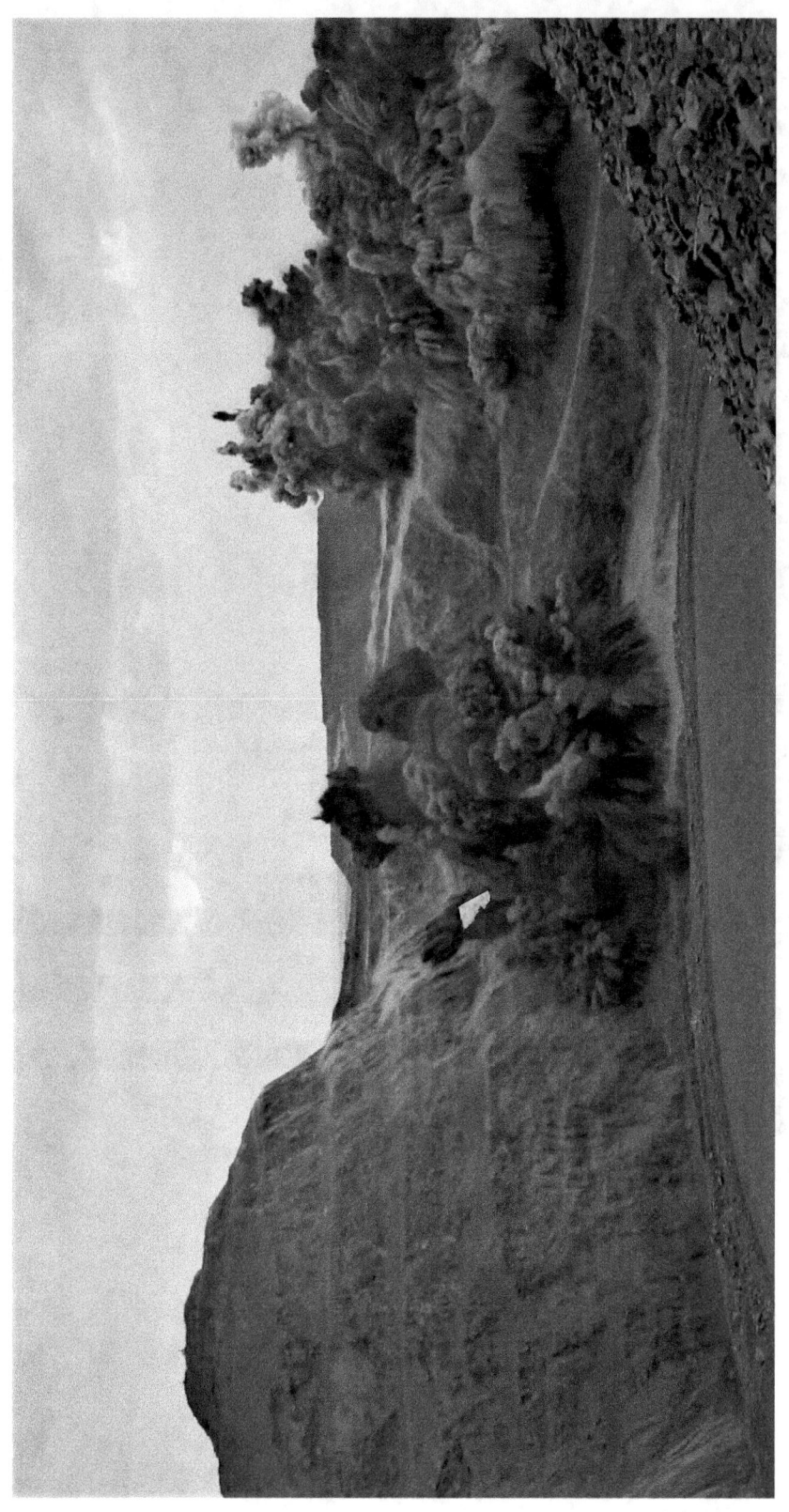

00:22:08:20

Con el desierto ante ti

Con el desierto ante ti, no digas: ¡Qué silencio!
Dí: No oigo.
Con el desierto ante ti, no digas: ¡Qué aridez!
Di: ¡Qué extraña belleza
Con el desierto ante ti, no digas: ¡Qué inmensidad!
Di: ¿Por dónde comienzo?
Con el desierto ante ti, no digas: ¡Qué pobreza!
Di: ¿Qué más necesita mi pensamiento?
Con el desierto ante ti, no digas: ¡Qué soledad!
Di: Soy lo que conmigo llevo
Con el desierto ante ti, no digas: ¡Qué oscuridad!
Di: No veo, pero lo siento
Con el desierto ante ti, no digas: ¡Qué sed! Di: ¿Cuánto preciso beber?

Hija, con el desierto ante ti, no digas: ¡Qué cansancio!
Di: ¡Cuánto camino por recorrer¡
Con el desierto ante ti, no digas: ¡No puedo más!
Di: si las dunas avanzan, yo también
Con el desierto ante ti, no digas: Me doy por vencida
Di: Seguiré, aunque quizás no llegue a mi destino Con el desierto ante ti no digas: Estoy perdida
Di: Tiene que haber algún camino. Con el desierto ante ti, no digas: Jamás saldré
Di: Lo que tiene comienzo tiene su fin. Cuando estés ante el desierto no digas: ¡Qué silencio!
Di: No oigo

Anónimo Touáreg

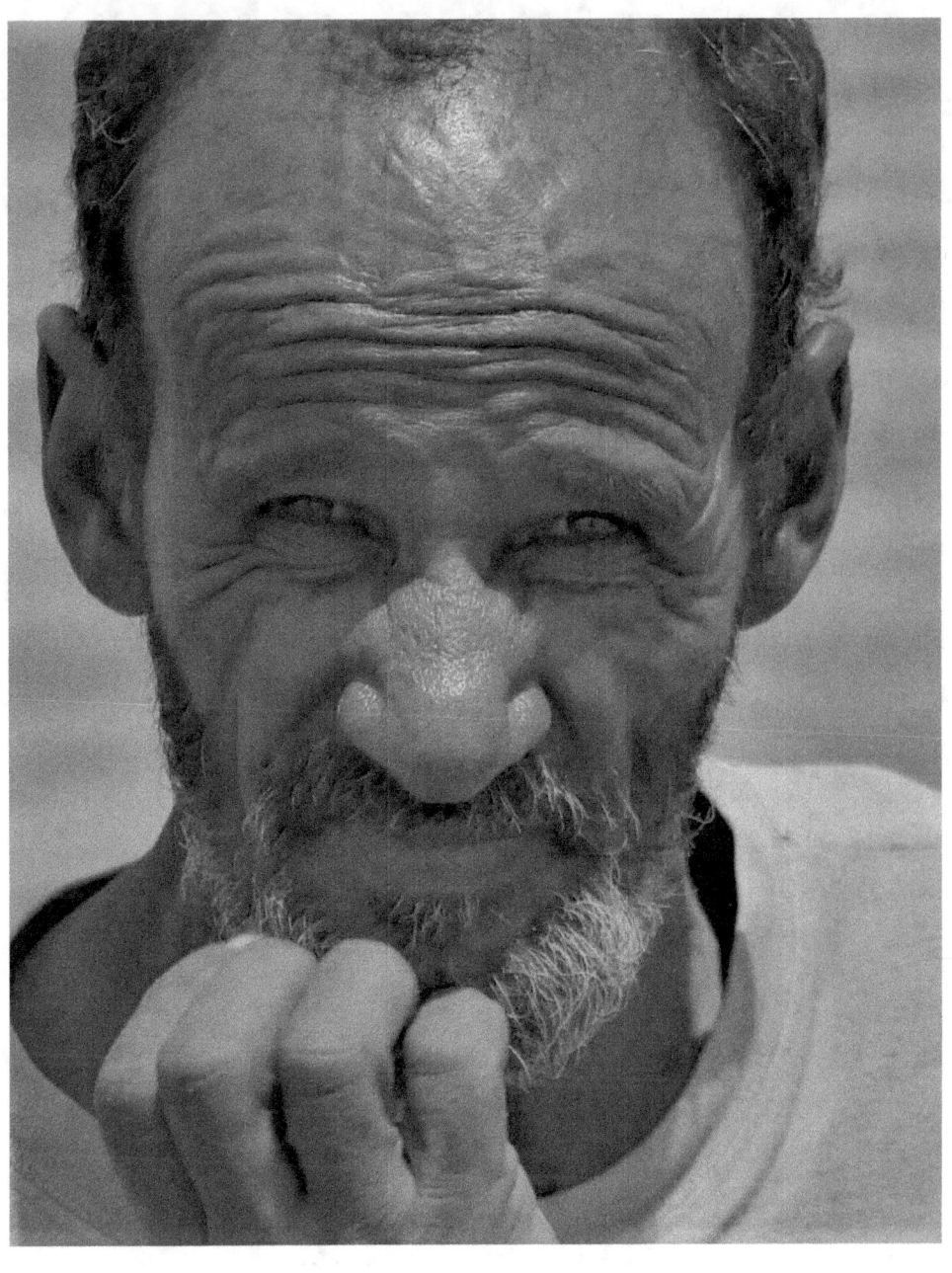

00:44:37:21
LE PORT FRANÇAISE

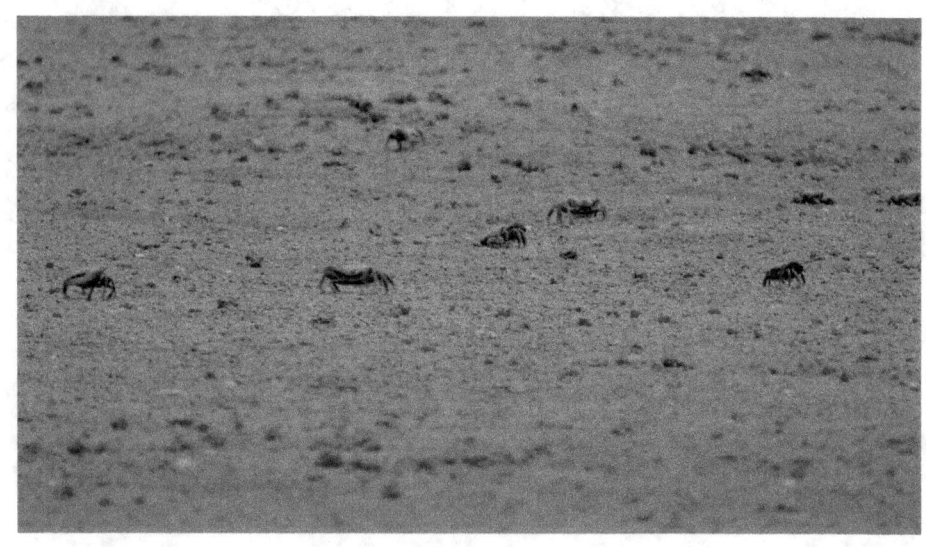

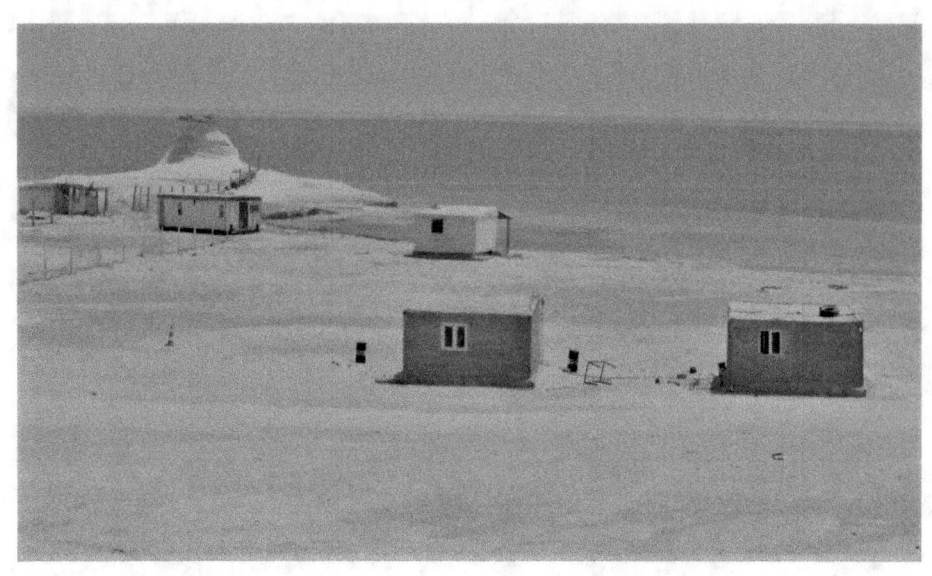

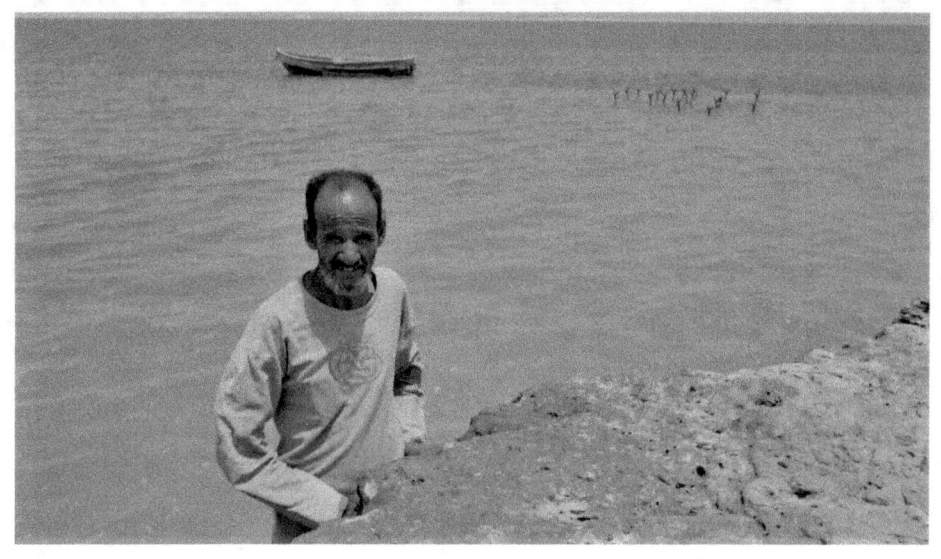

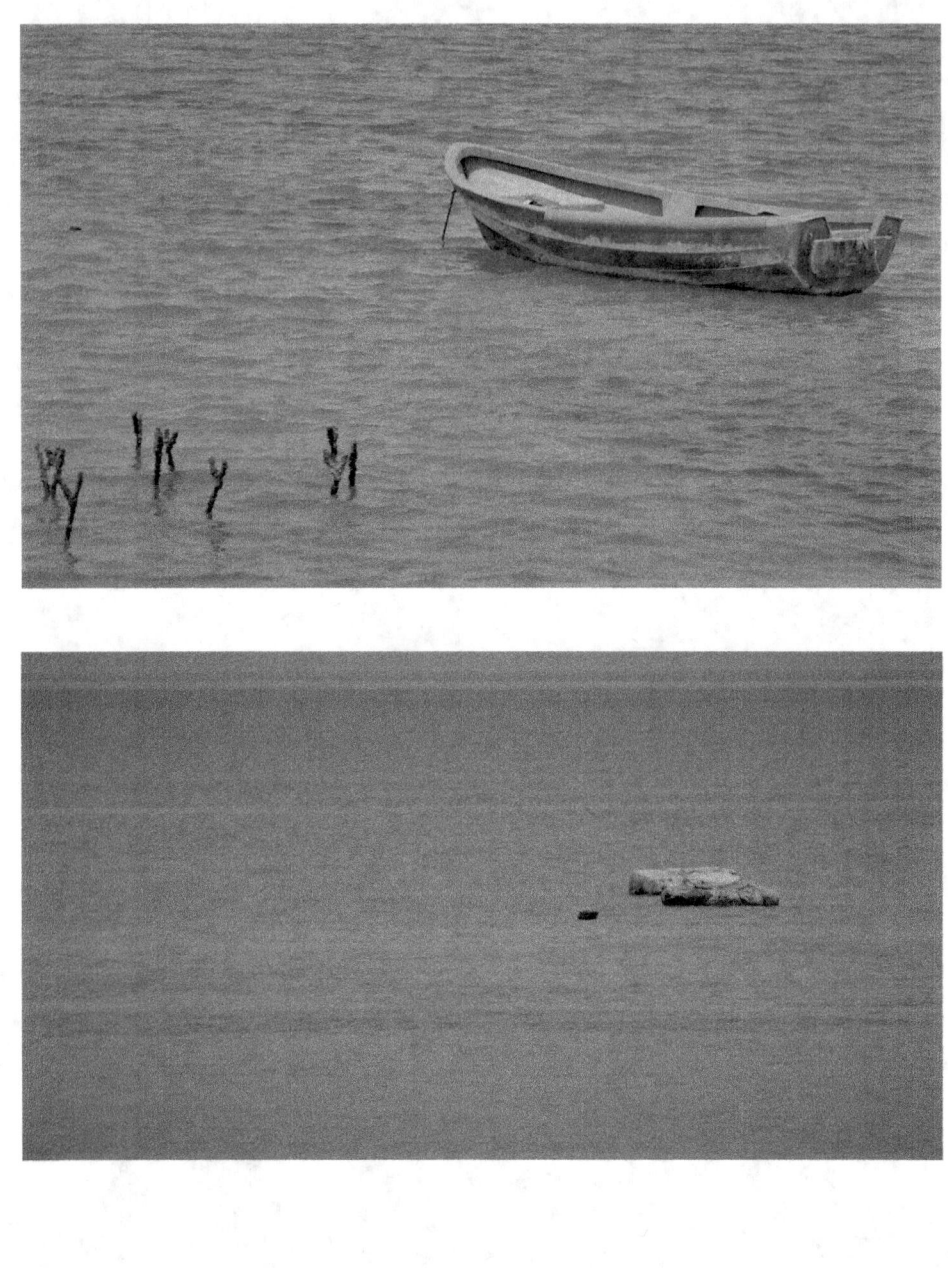

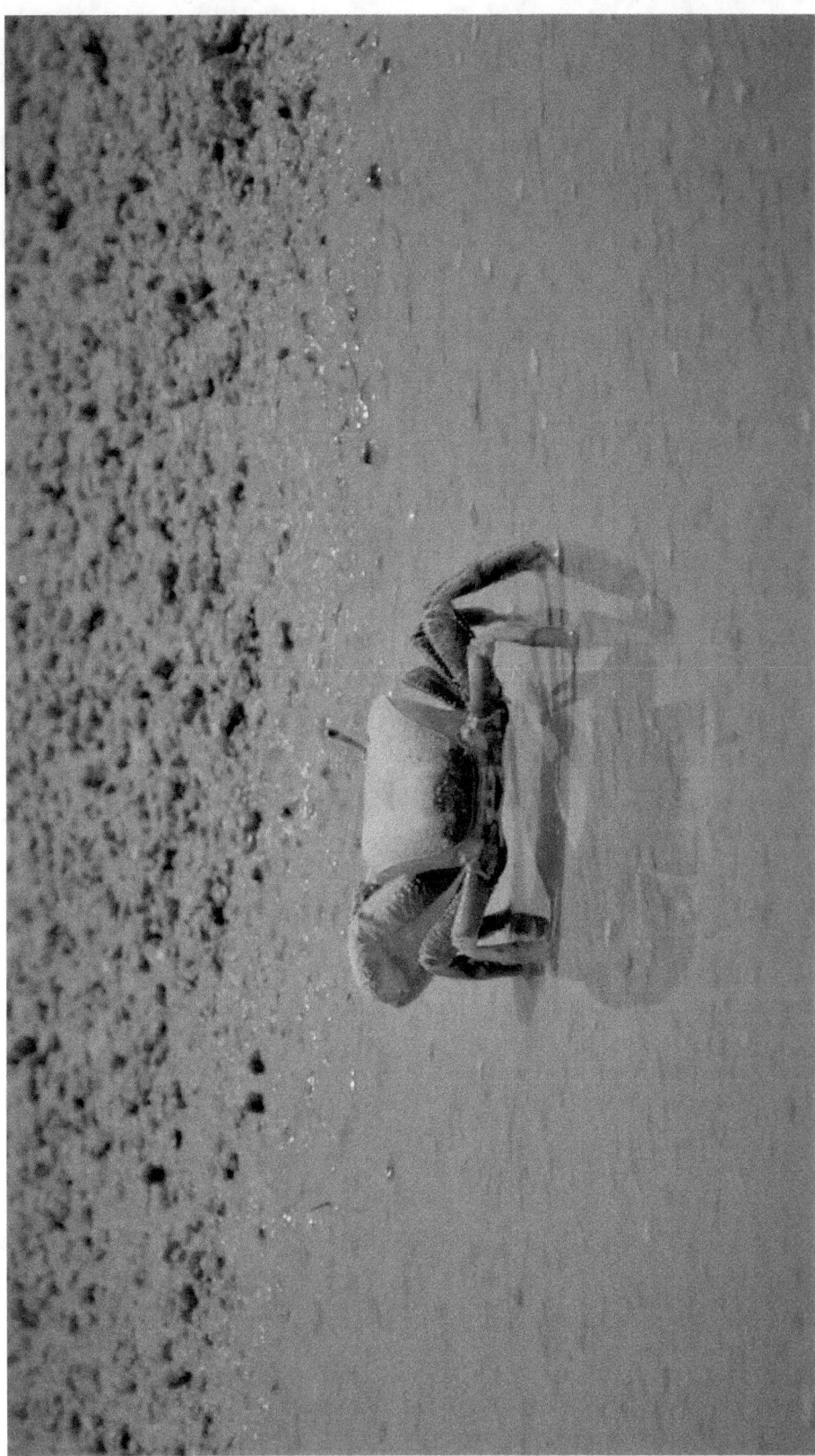

00:56:05:09

00:48:36:20

-----NOUABIDHOU

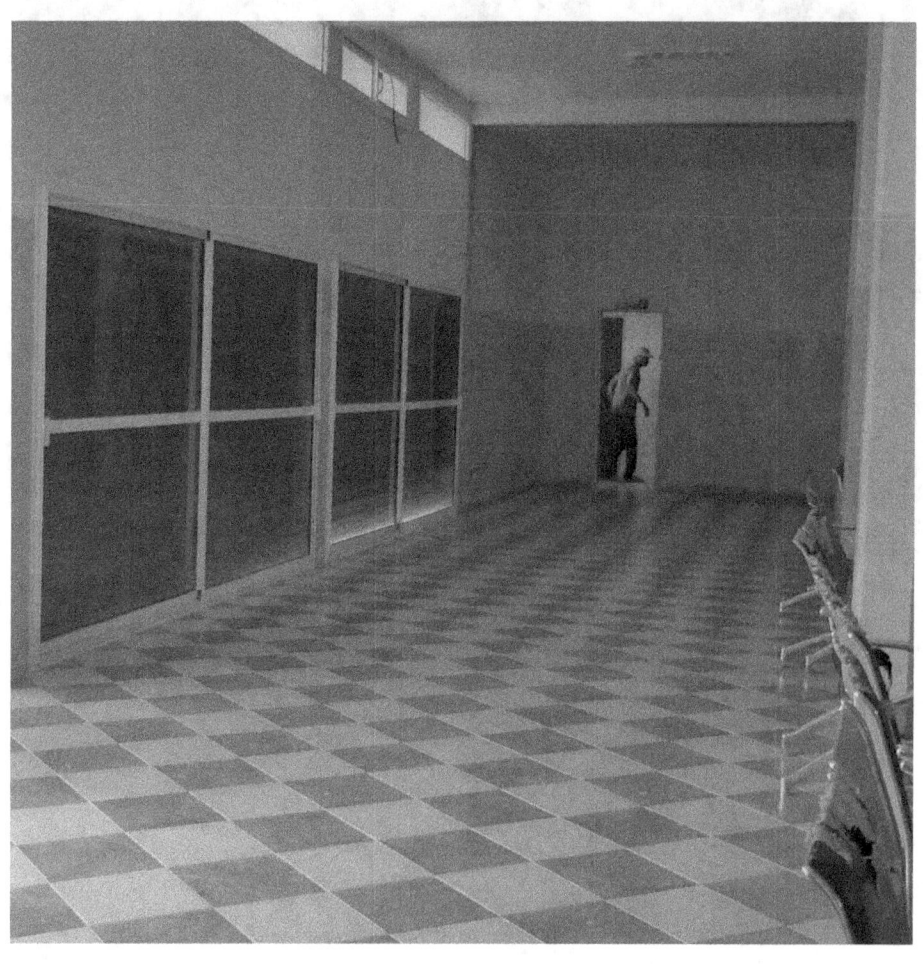

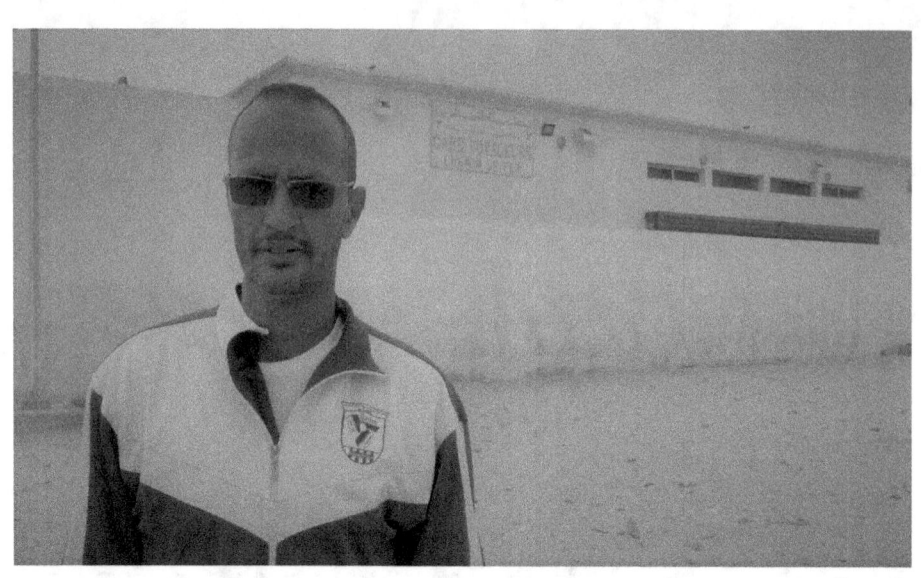

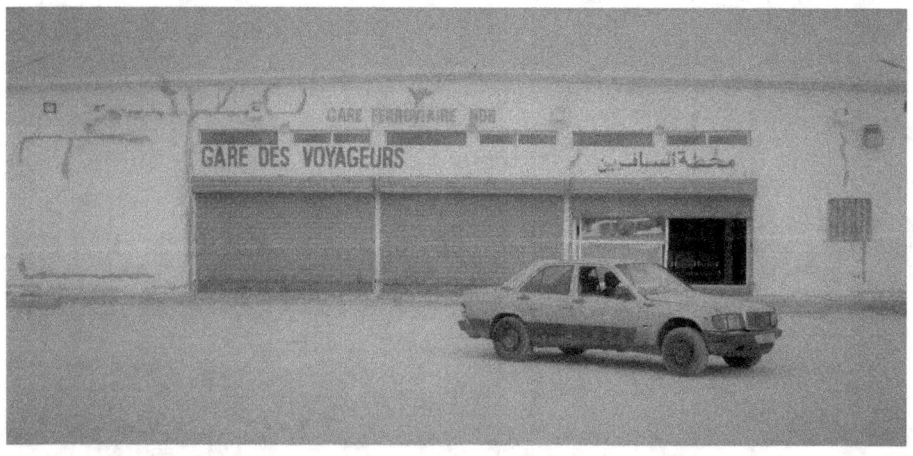

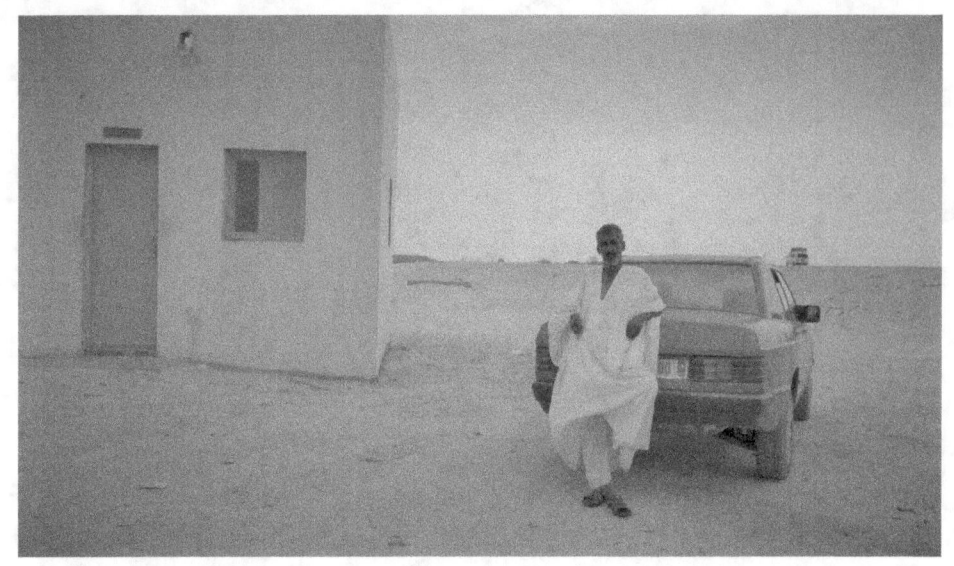
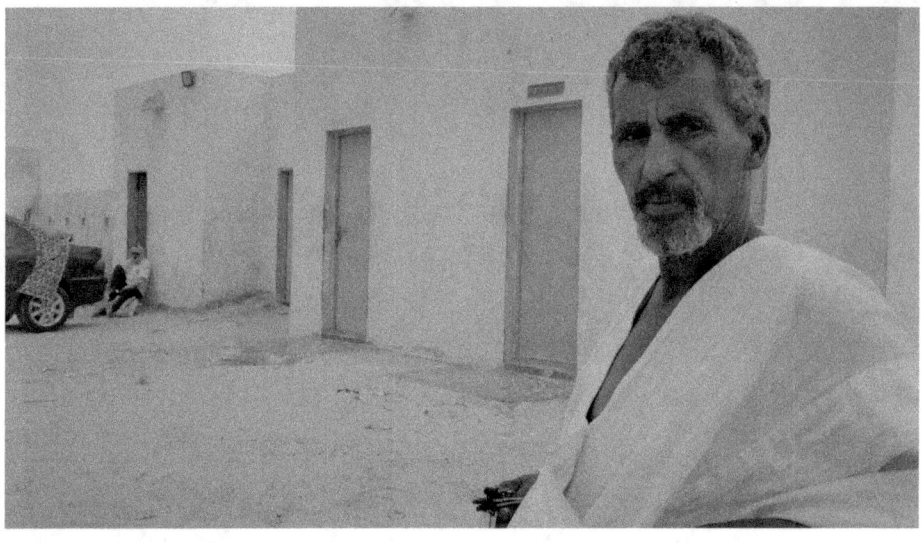

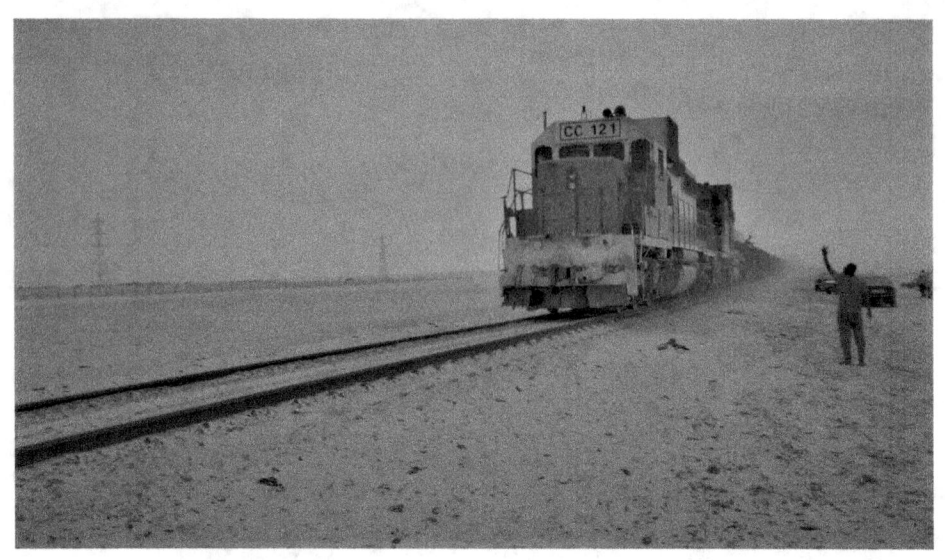

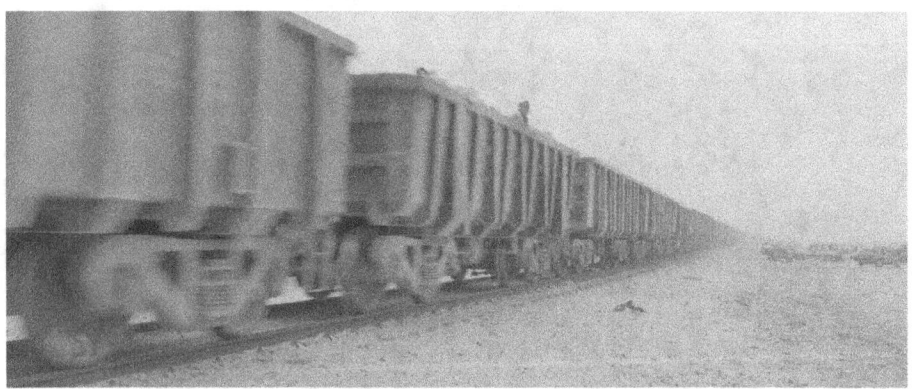

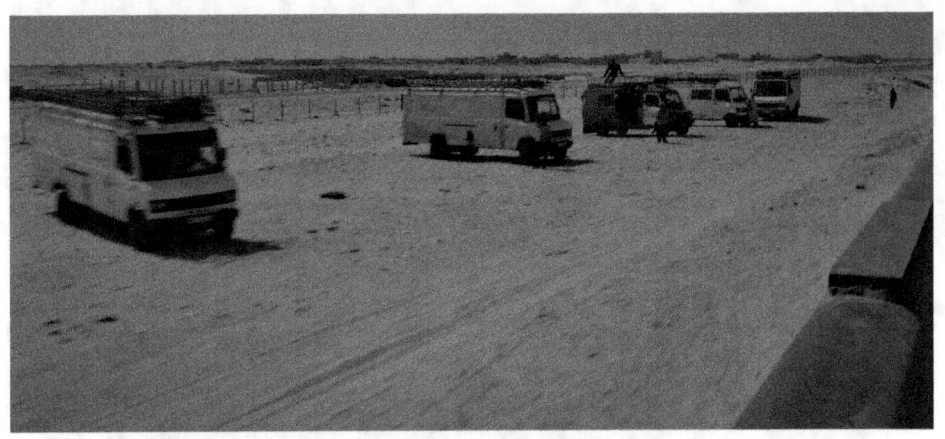

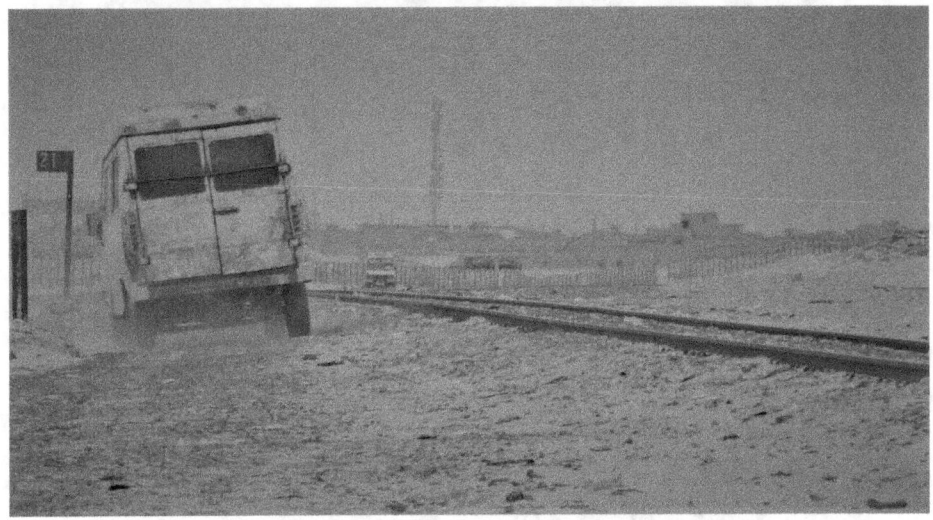

-Estaré un tiempo fuera.
-Bon voyage.

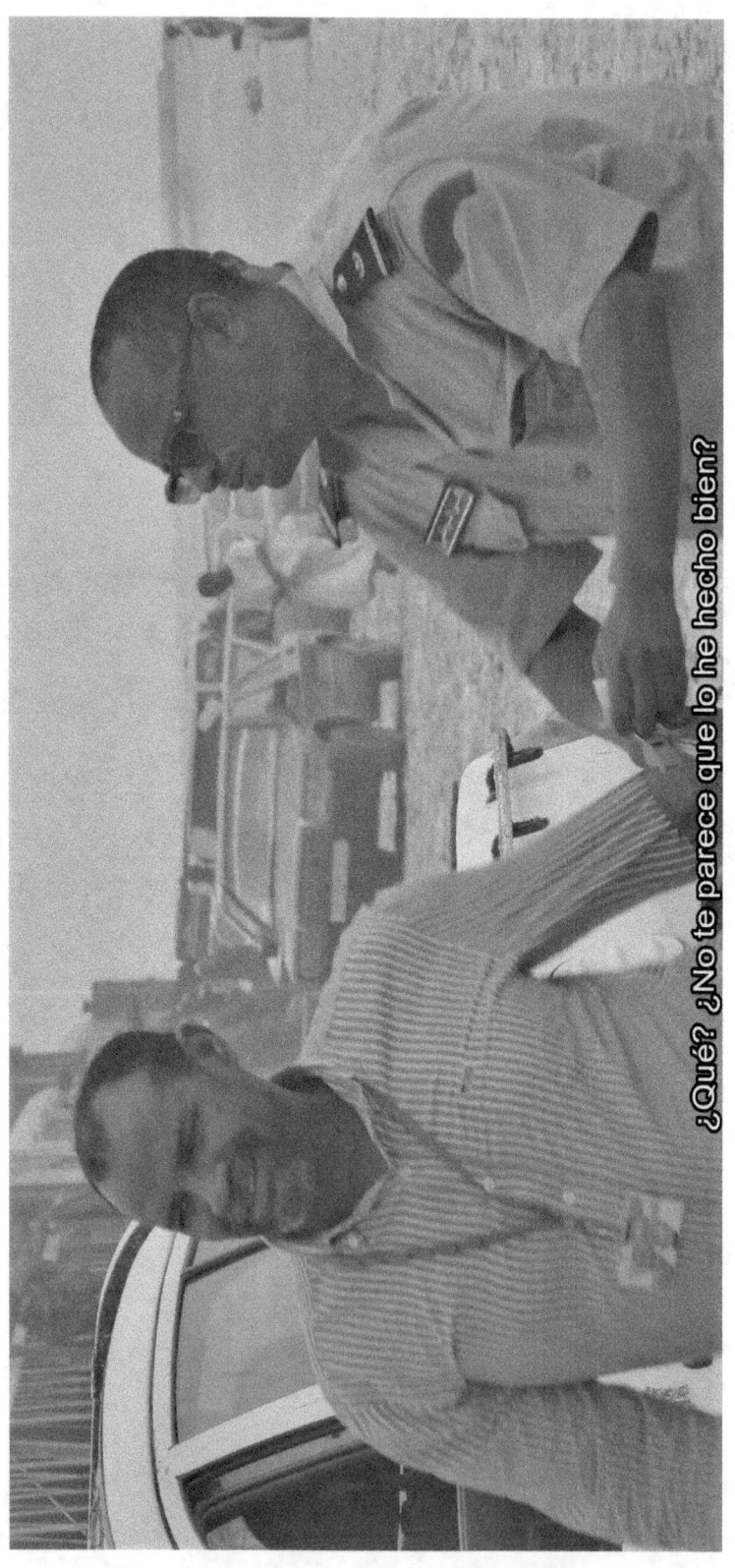

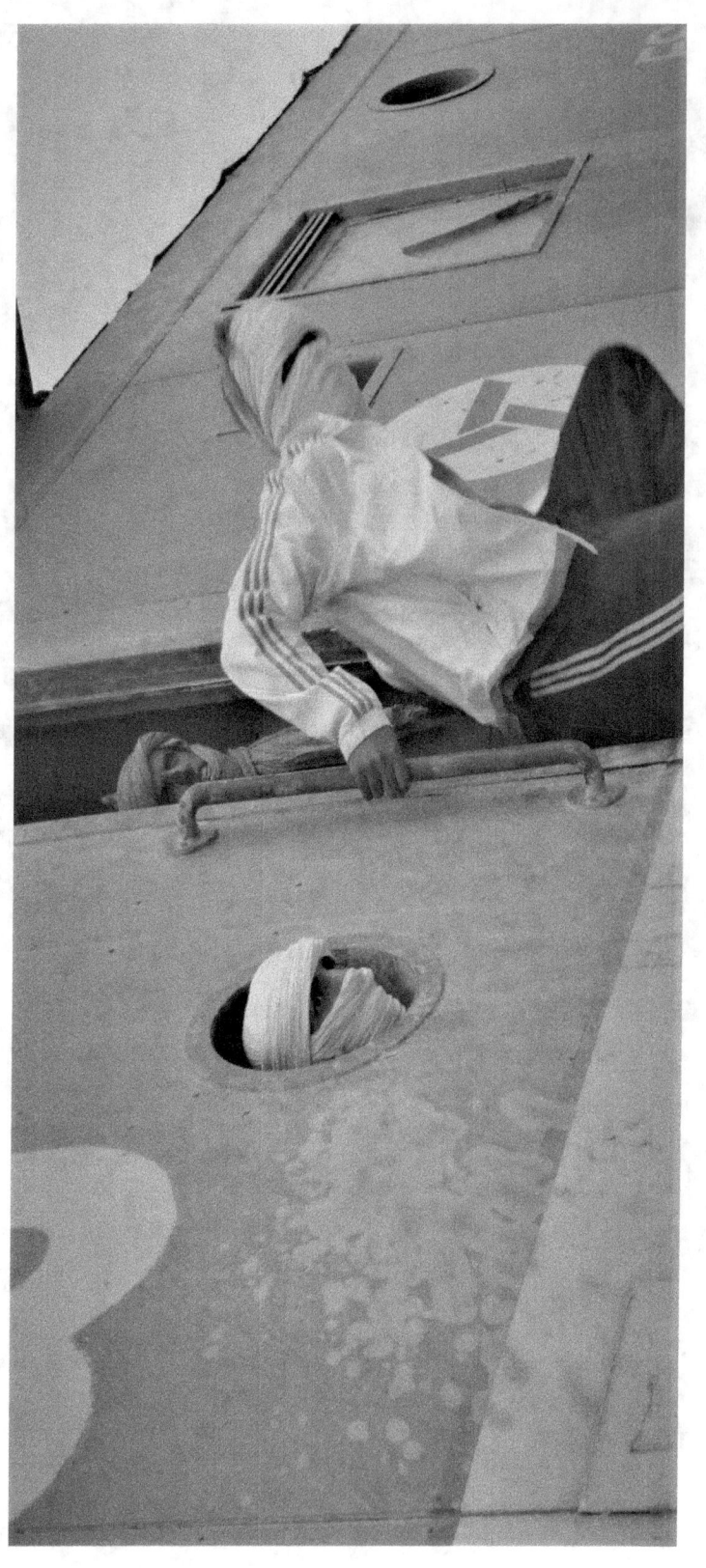

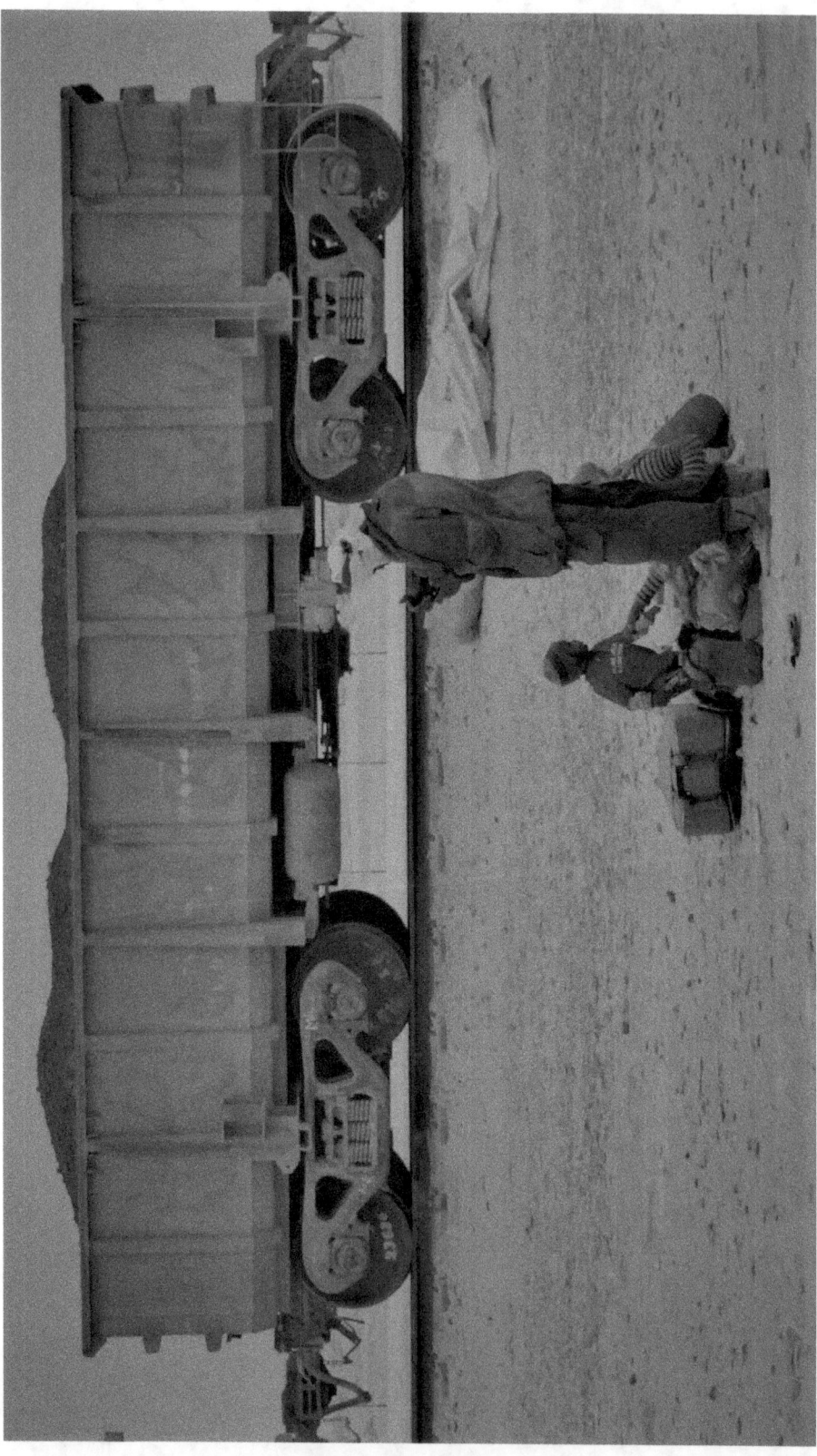

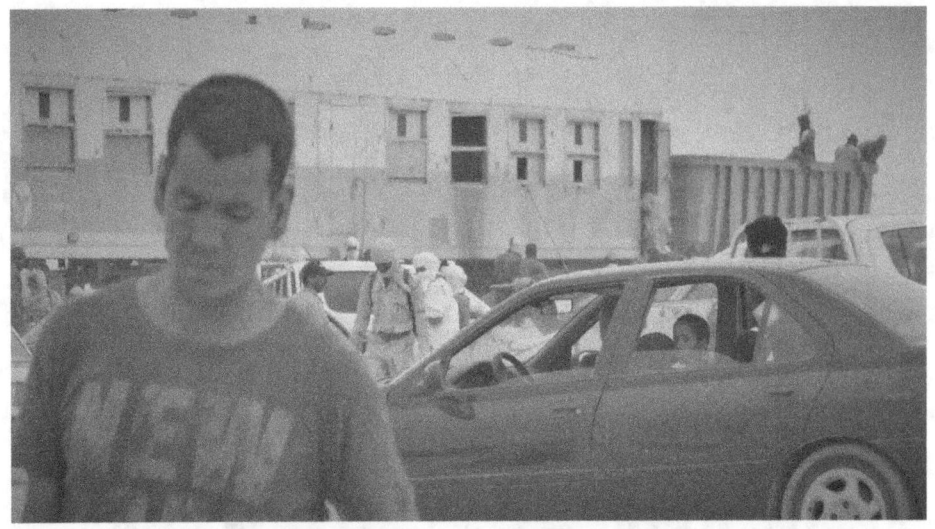

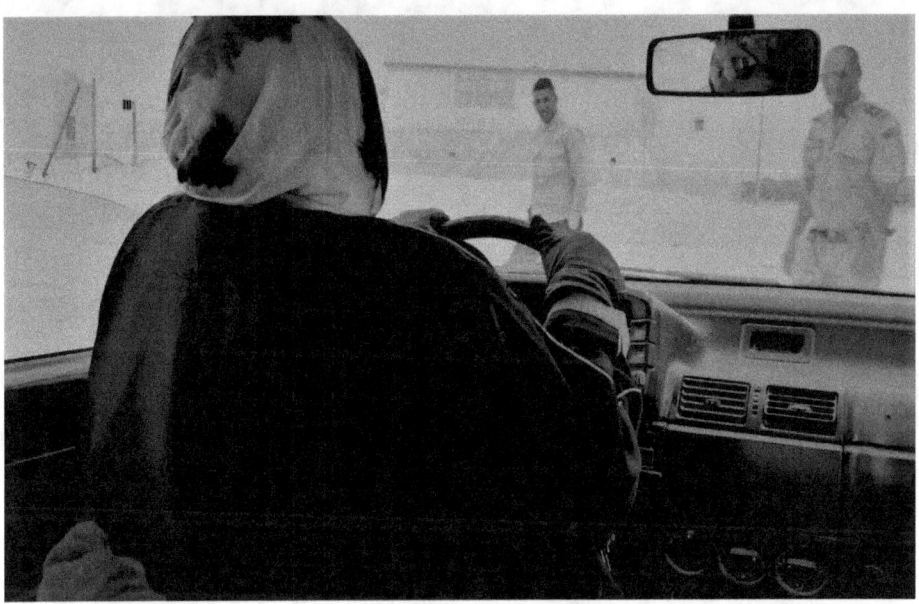

-Han habido problemas. No está en la estación.

-Llama a Hassan y que vaya al Faro.

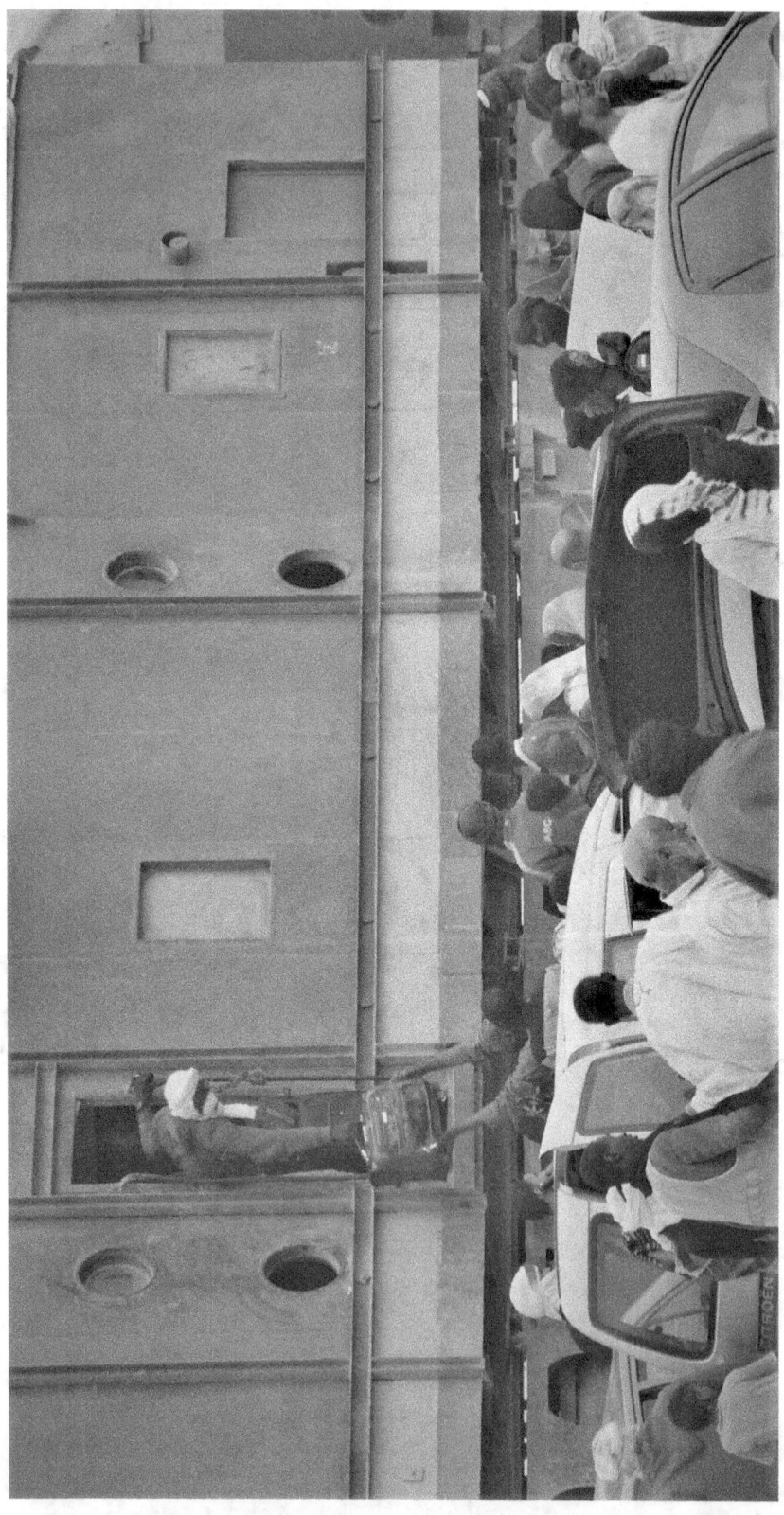

EL FARO DE CABO BLANCO

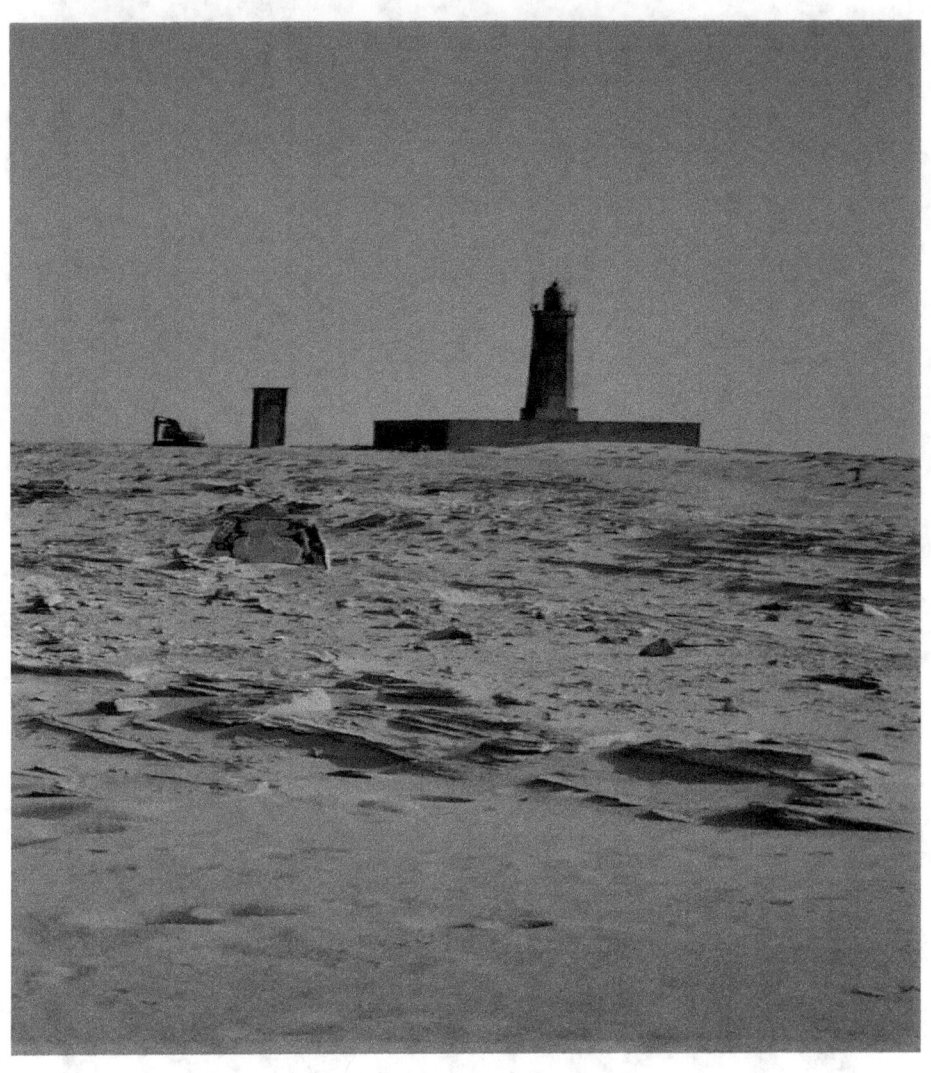

00:56:05:09

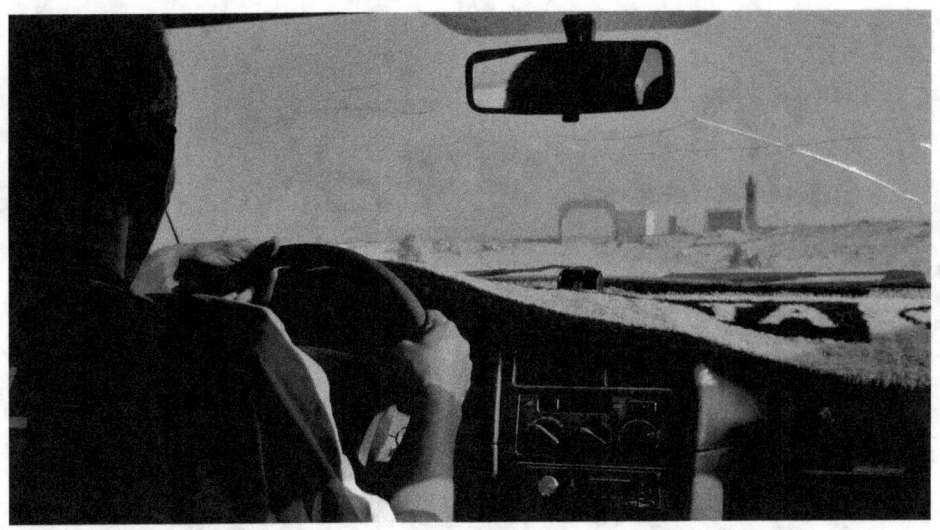

Con el océano ante ti, no digas : ¡Qué inmensidad !
Di: ¿Por dónde comienzo? Con el océano ante ti, no digas:
¡ Qué soledad !
Di: Soy lo que conmigo llevo Con el océano ante ti, no digas:
¡ Qué cansancio !
Di: ¡ Cuánto camino por recorrer ¡
Con el océano ante ti, no digas: ¡ No puedo más !
Di: Si las dunas avanzan, yo también
Con el océano ante ti, no digas: Me doy por vencida
Di: Seguiré, aunque quizás no llegue a mi destino

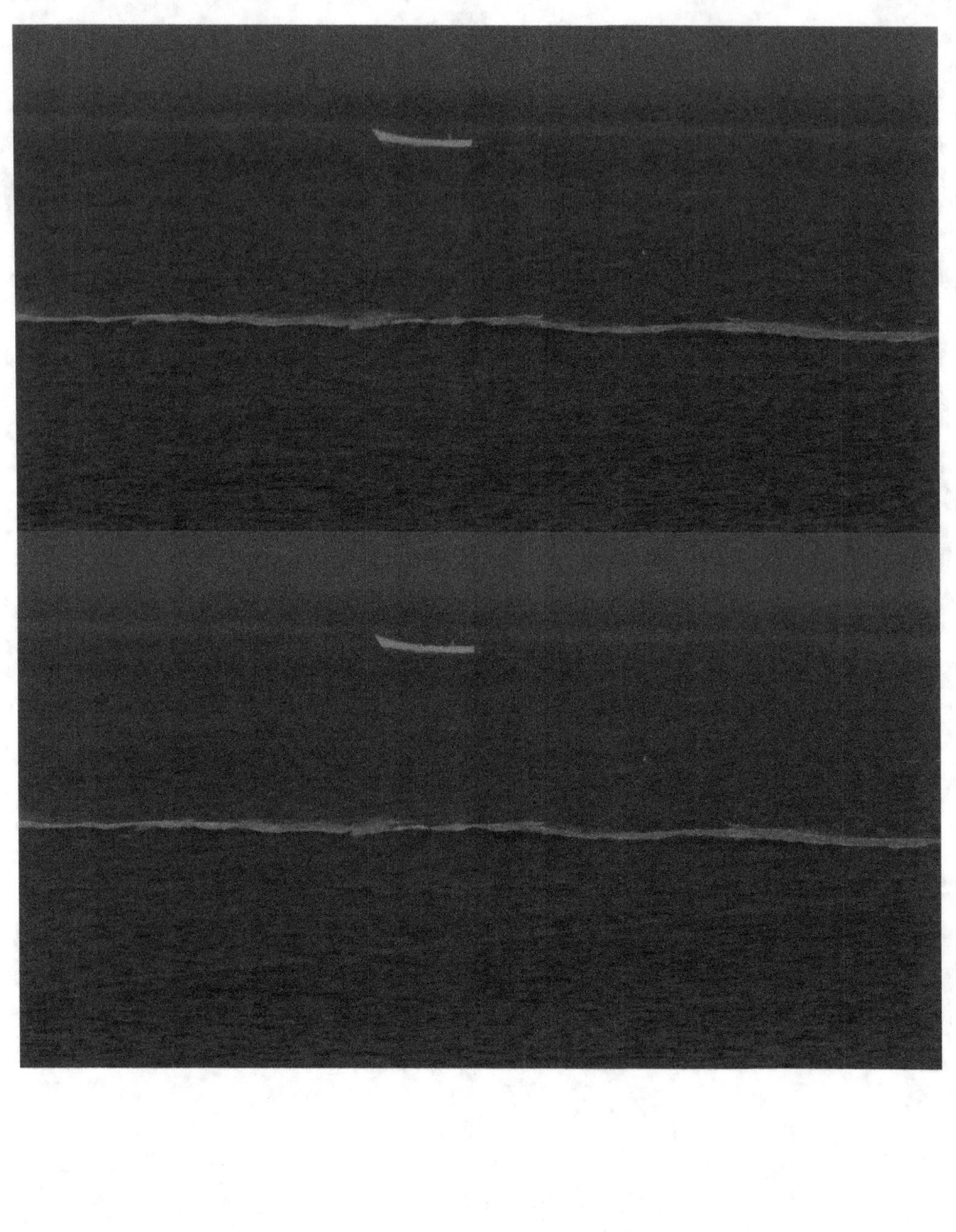

01:00:48:22

LA DERIVA

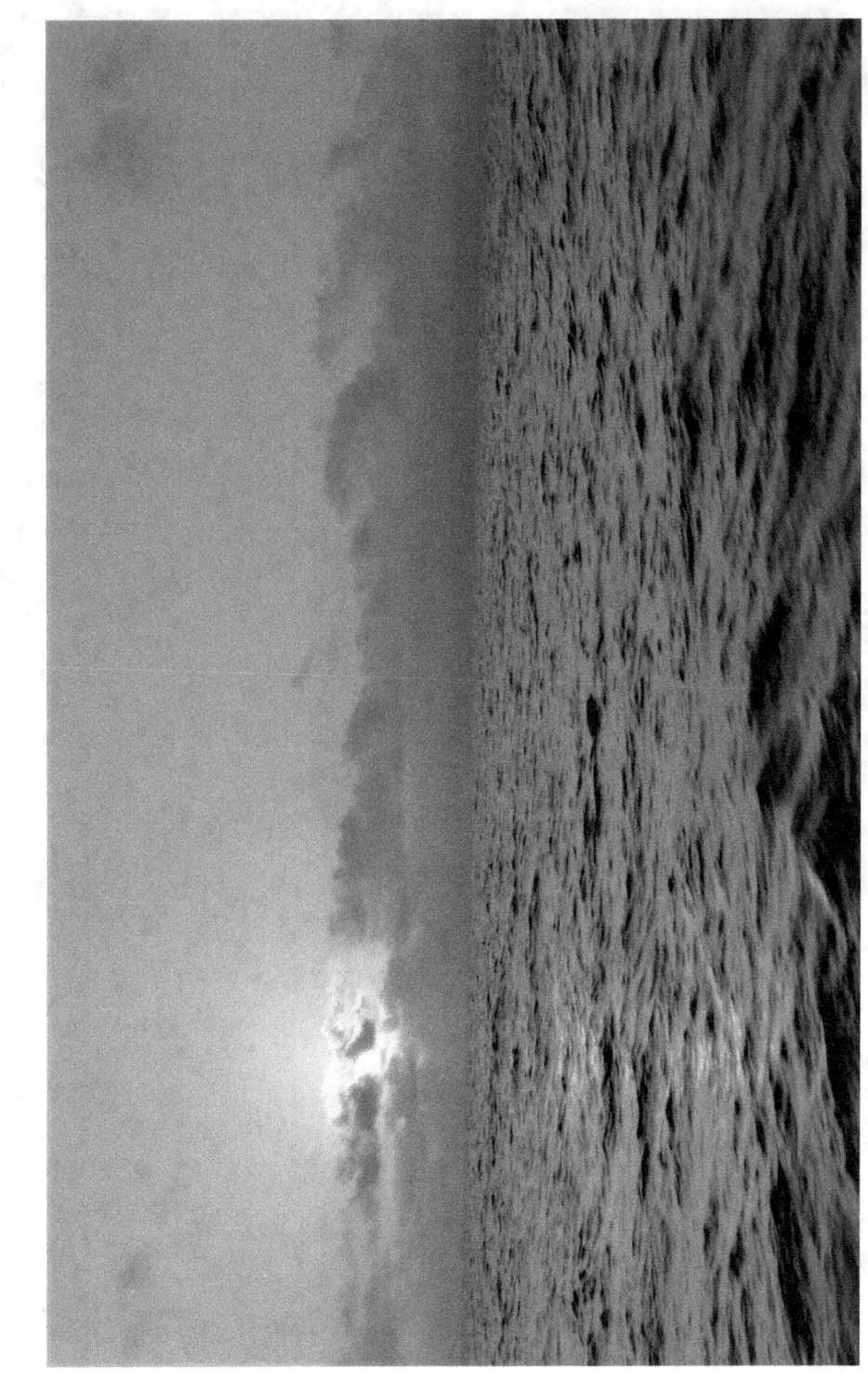

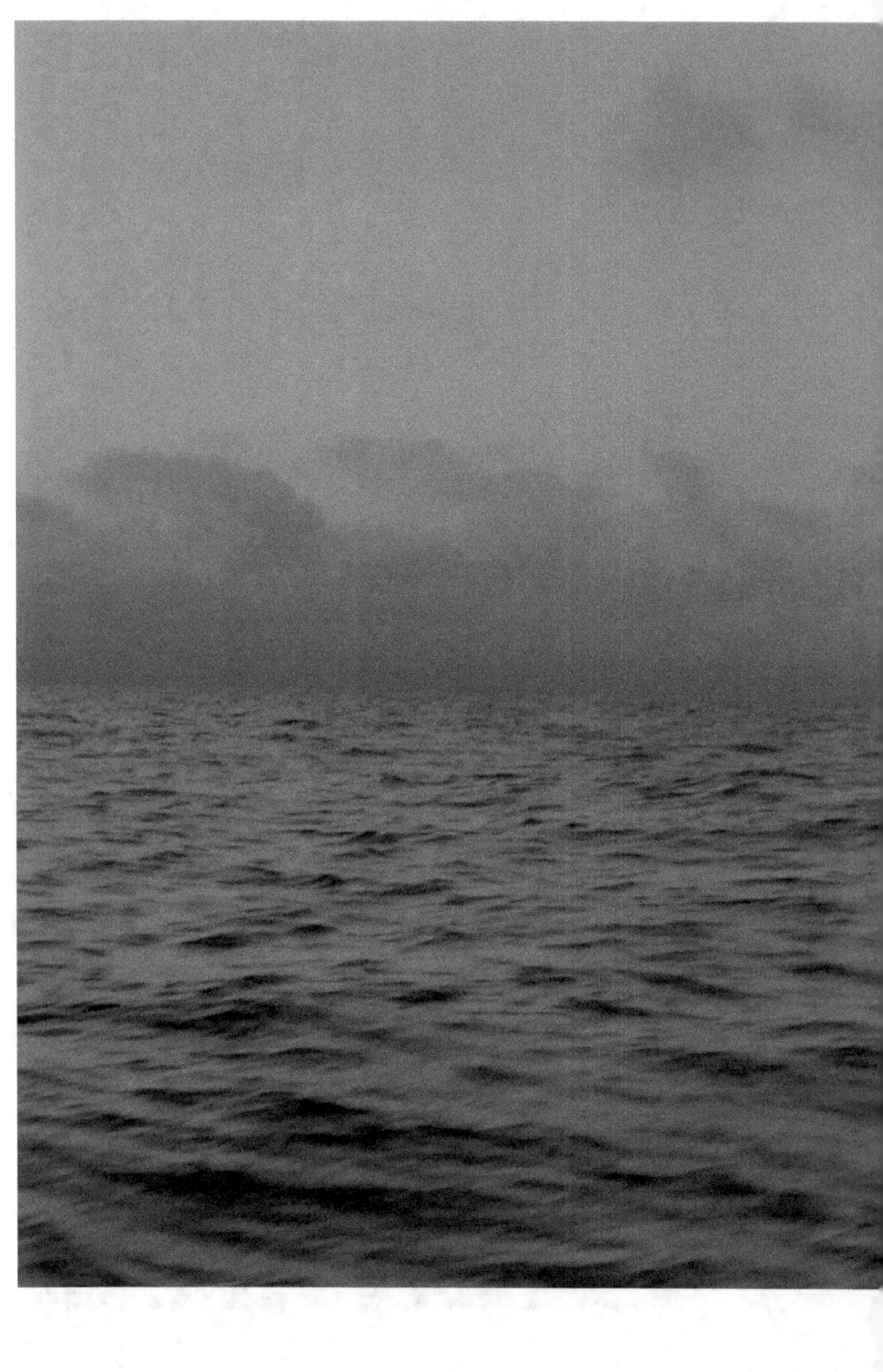

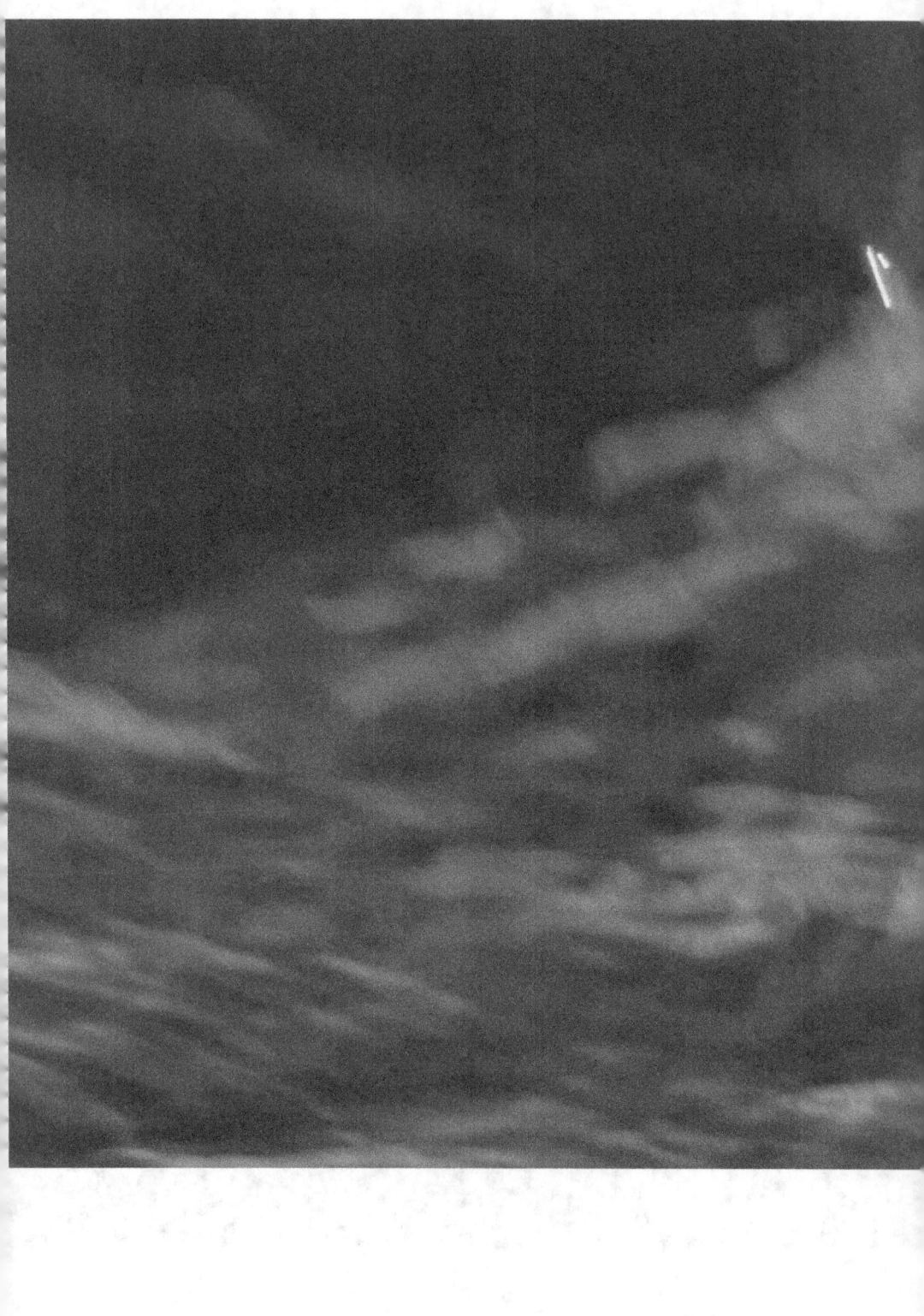

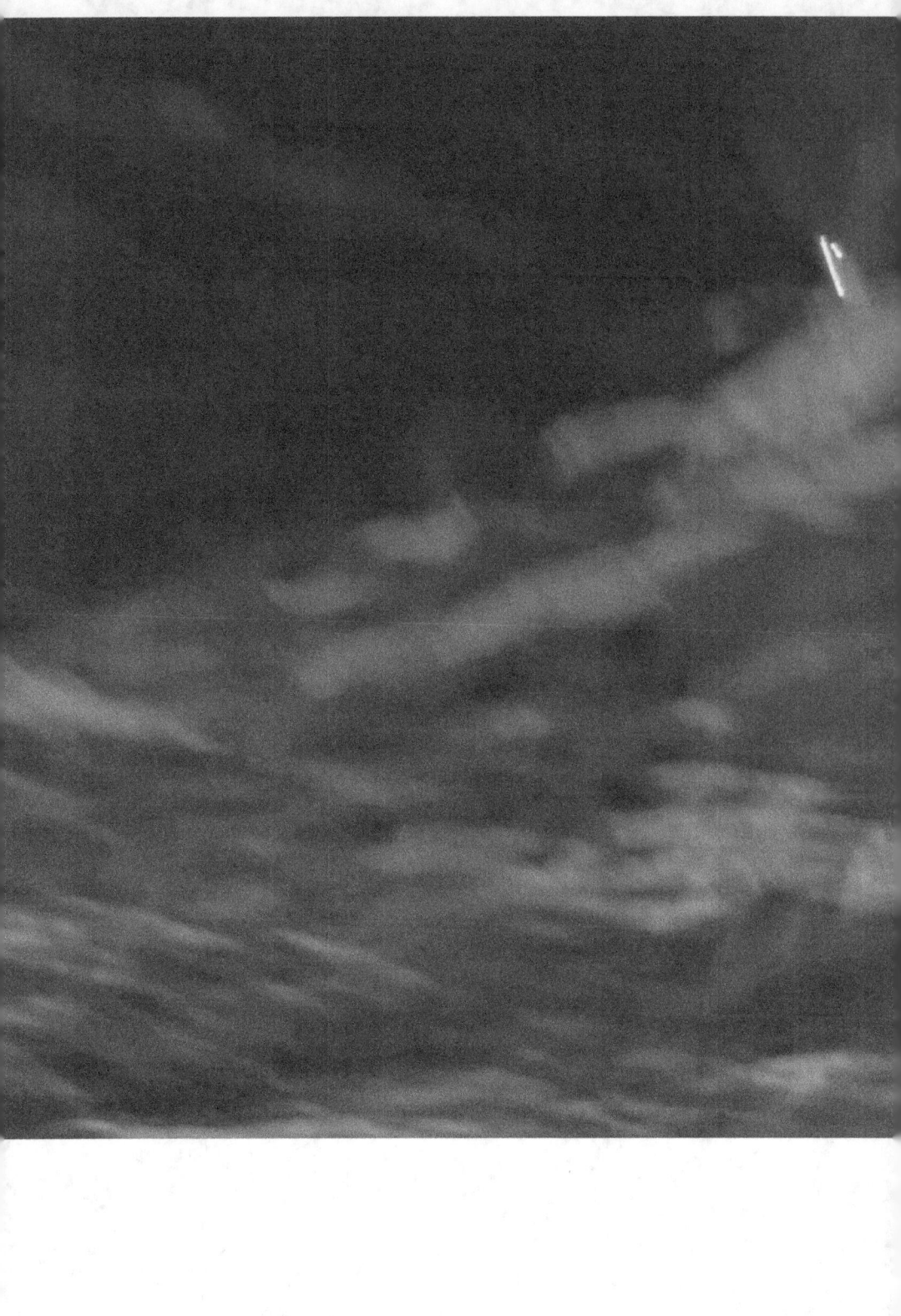

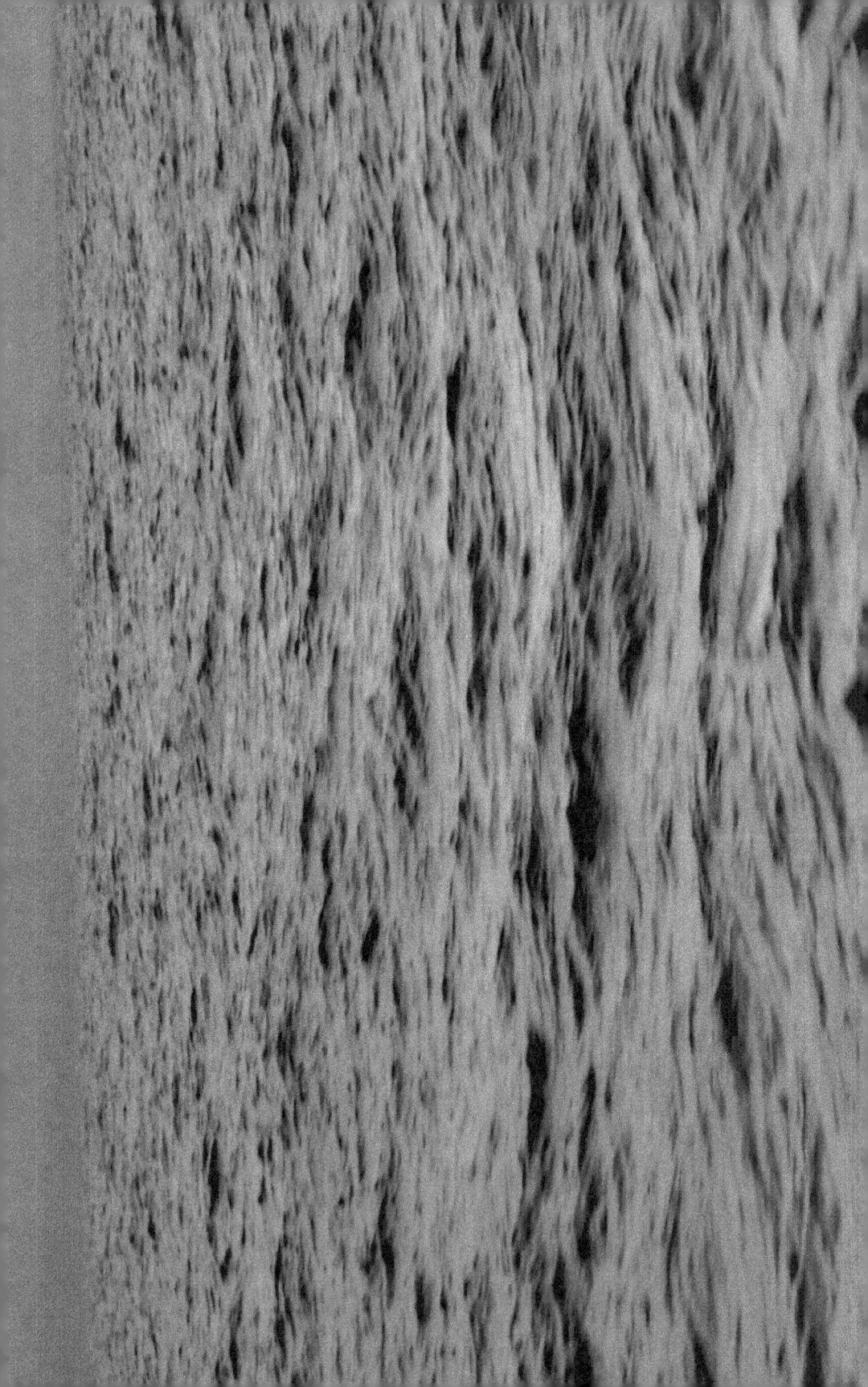

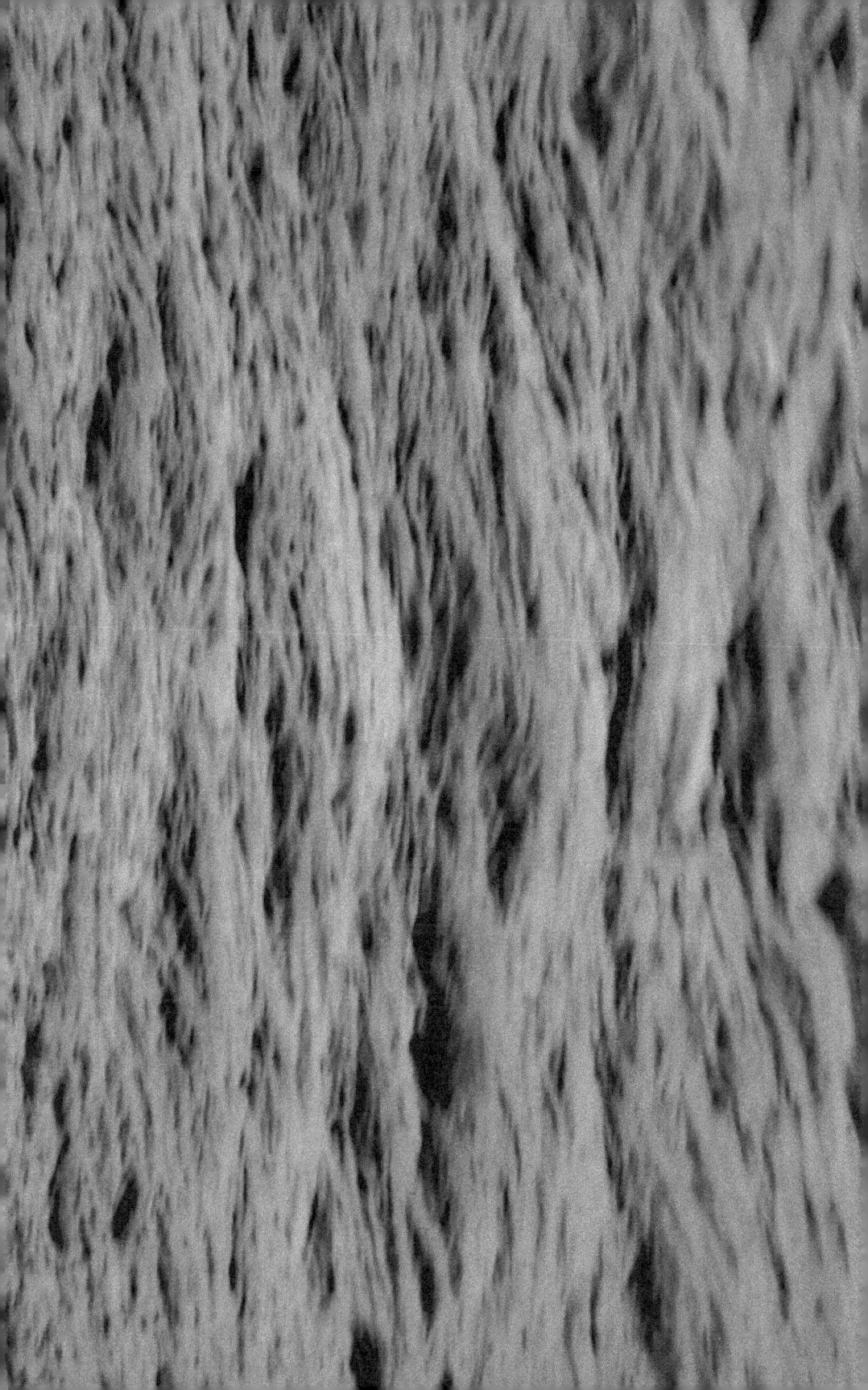

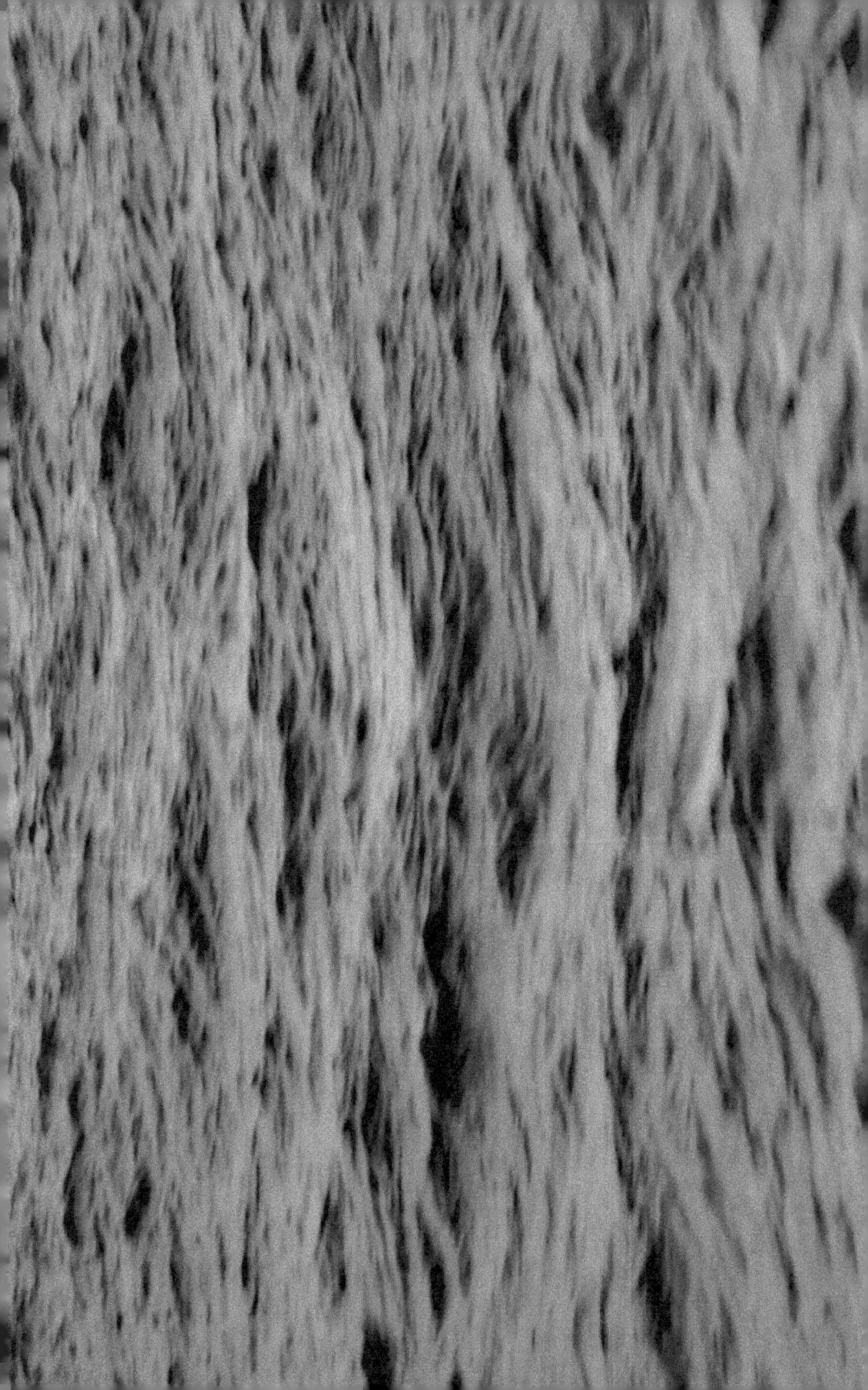

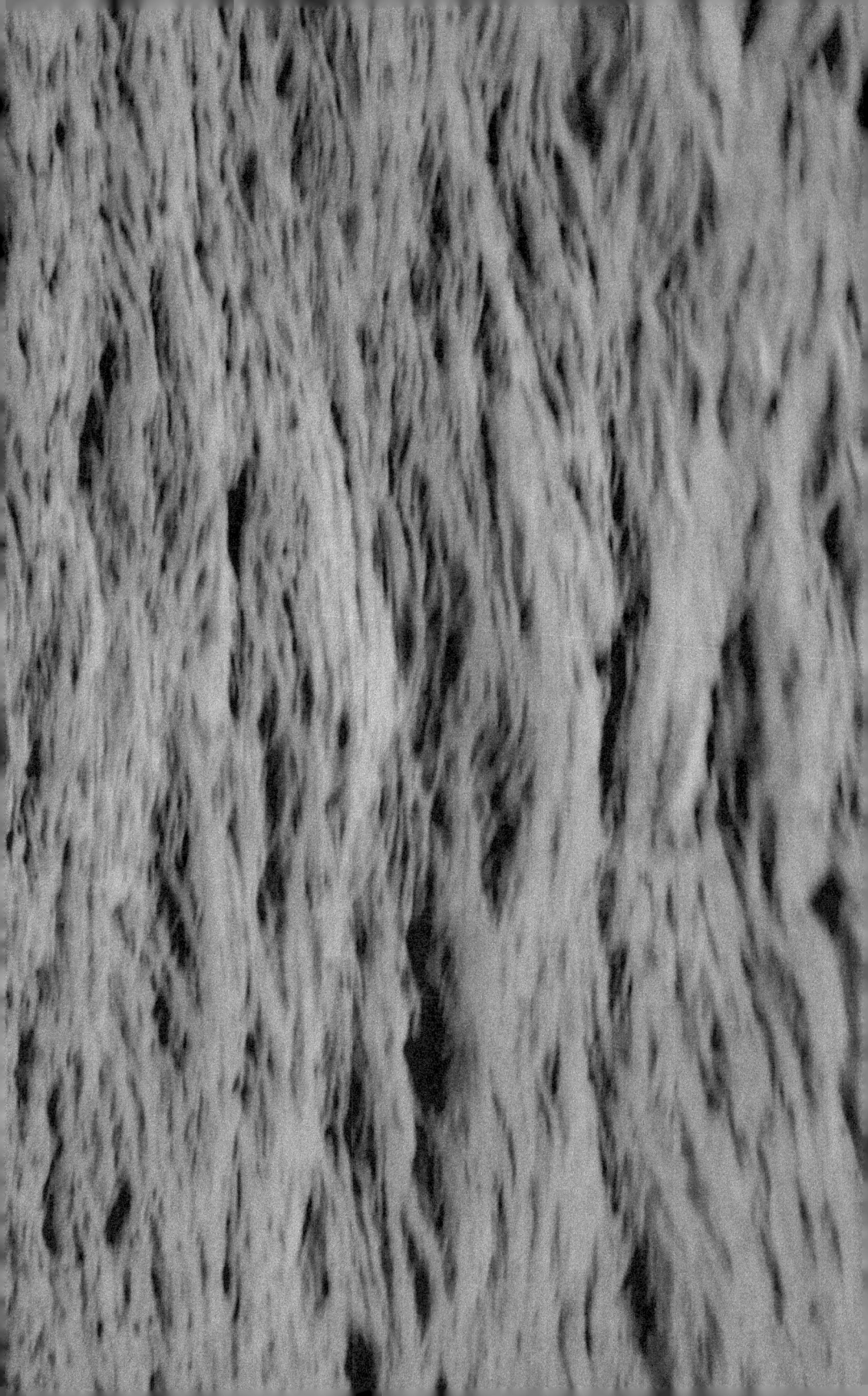

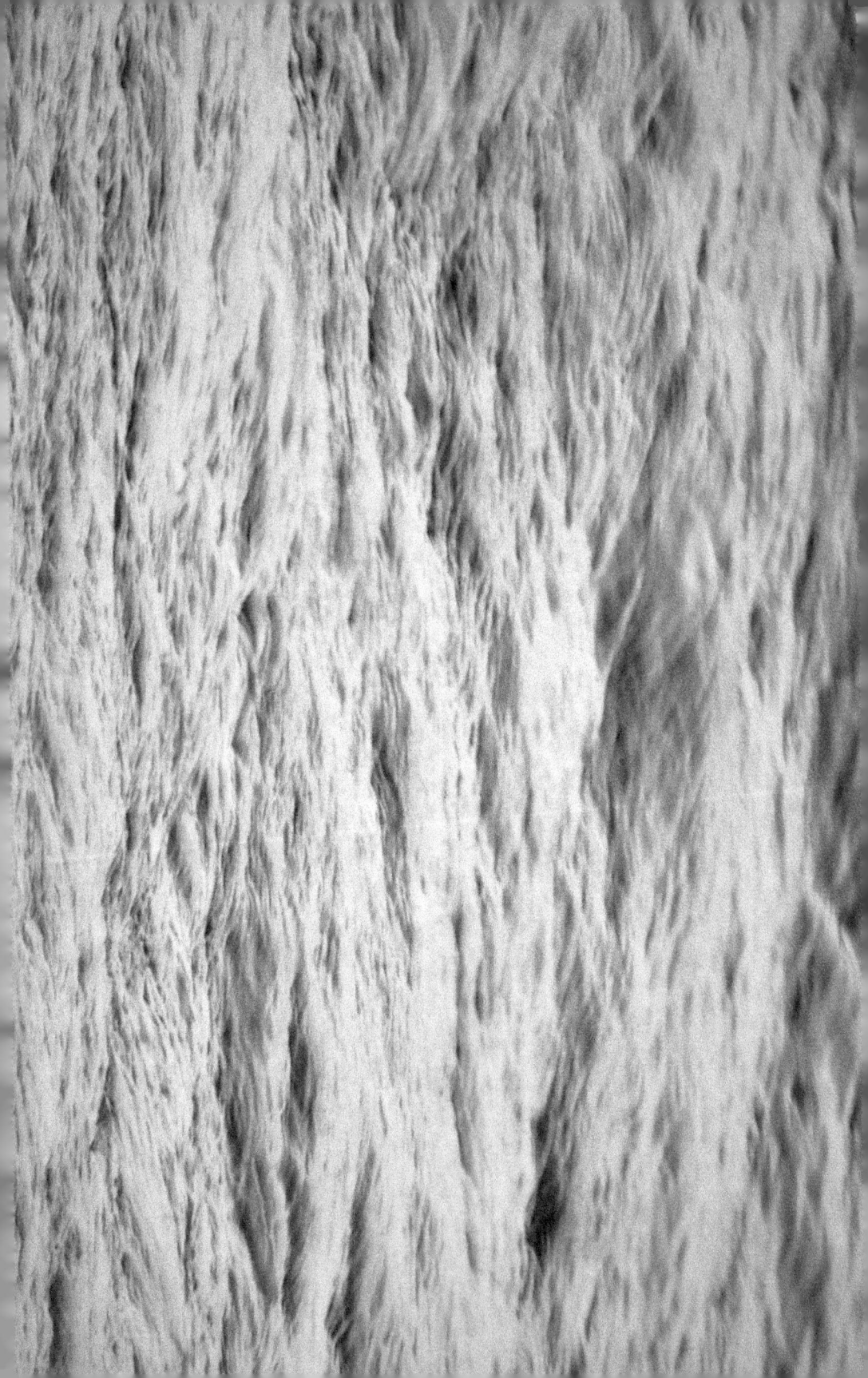

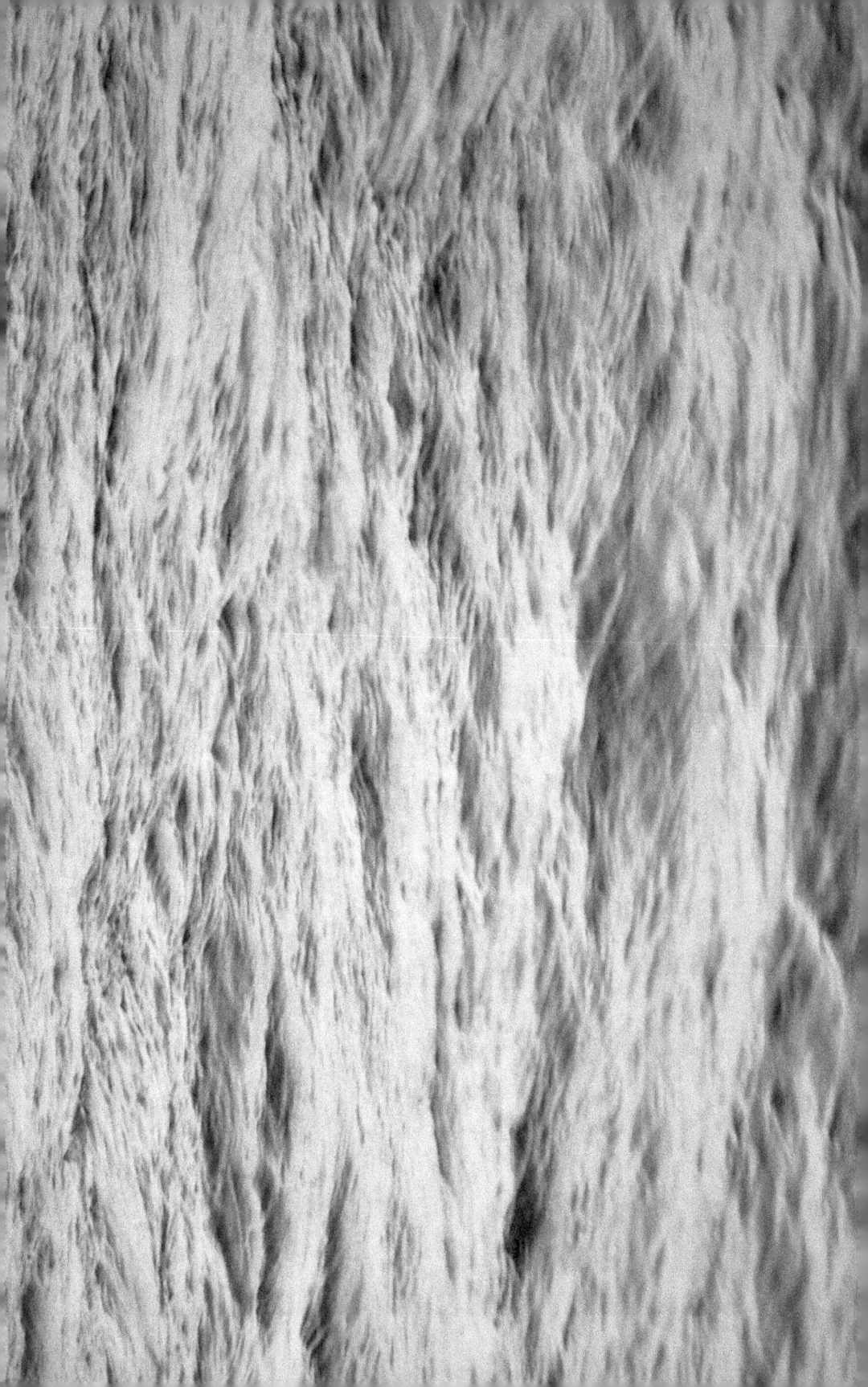

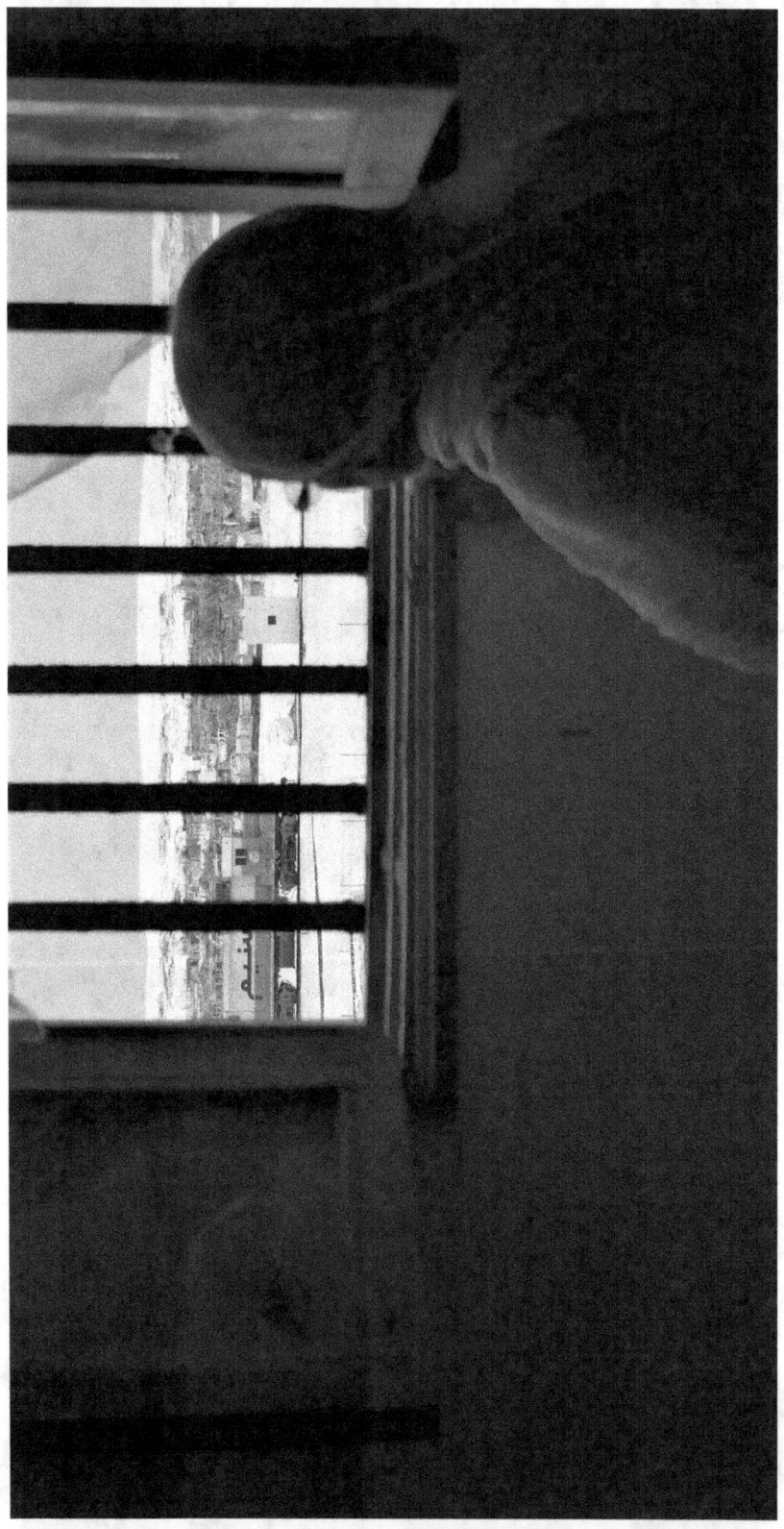

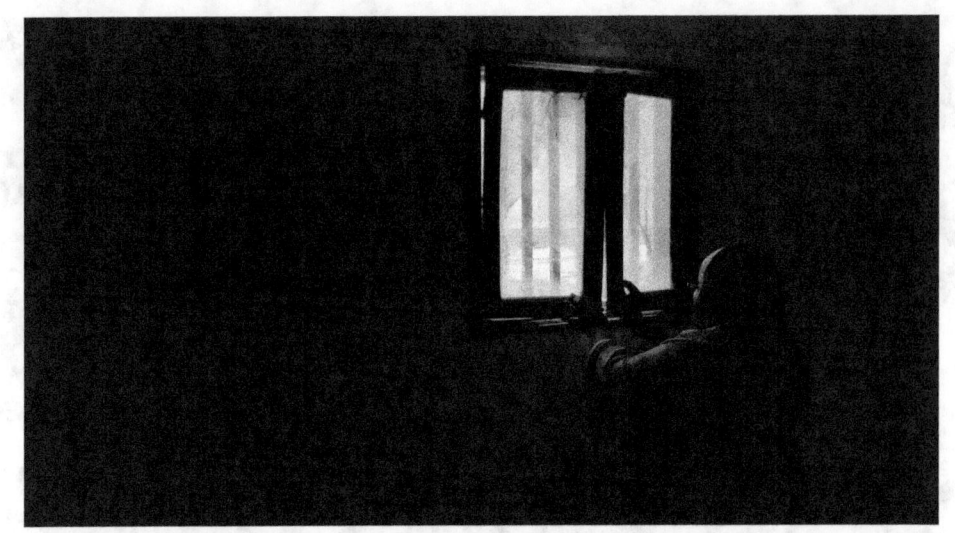
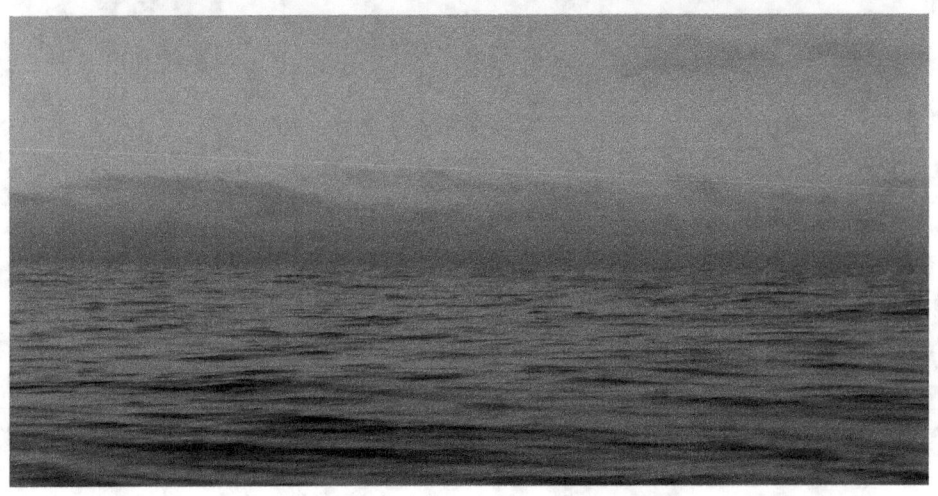

01:07:00:00

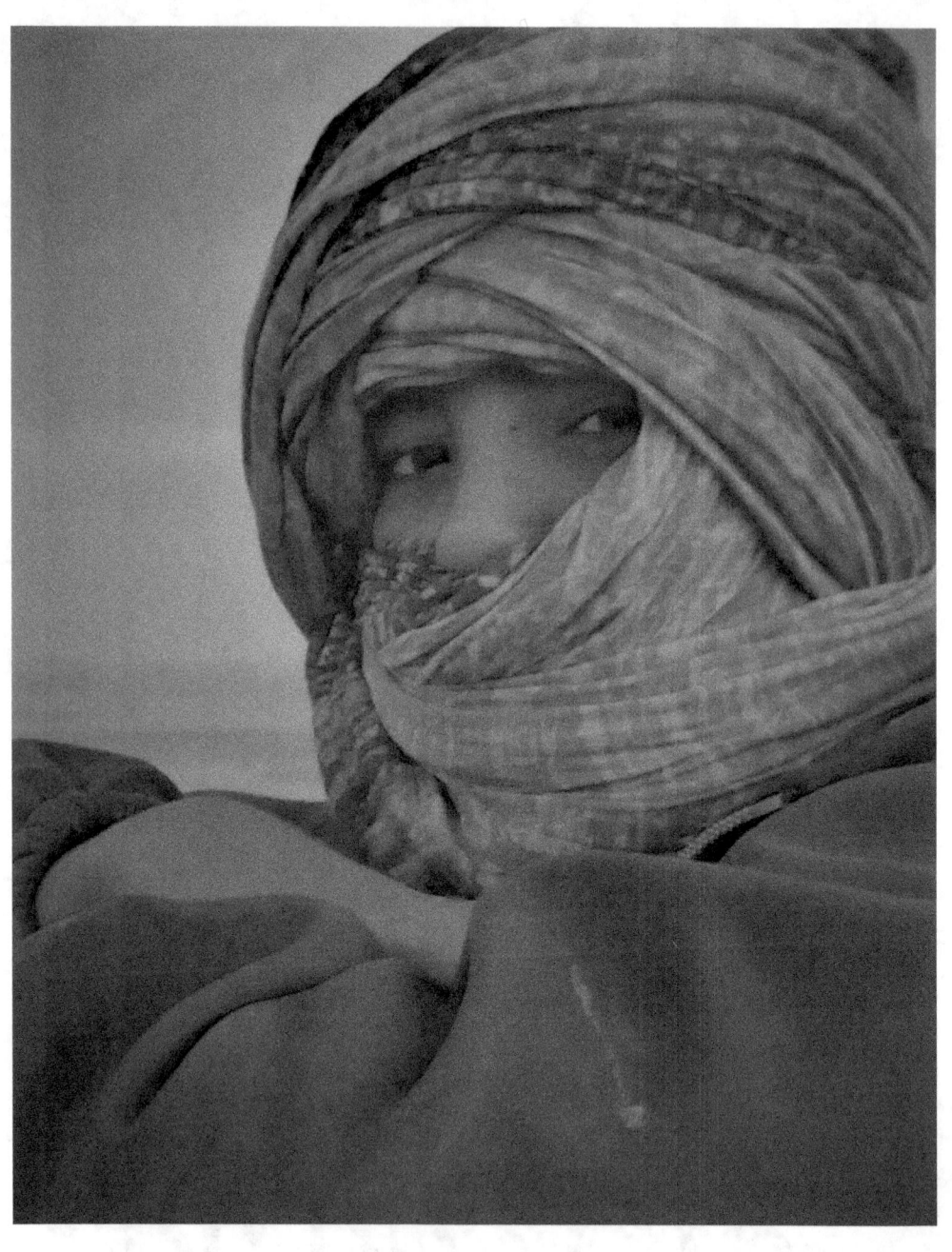

ROSTRO DE MUJER

Vivo en el rostro de una mujer
que habita en una ola
a la que la marea empuja hacia una playa
con un puerto que se pierde entre sus conchas.

Vivo en el rostro de una mujer
que me hace morir
que quiere ser un faro apagado
en mi sangre que navega a la deriva
a los confines del delirio.

Anónimo Touareg.

SALKA IN NO MAN'S LAND

Salka is a young Mauritanian who lives in the Zuárate region, in the north of the country, who does not accept her future in Mauritania.

With the help of her Mother and a contact in Nouabidhou, she decides to leave the country and take the Sahara train disguised as a boy.

The SNIM train, known as the desert or Sahara train, becomes the main thread of the film. This train is the longest in the world, it can reach 3.5 km and takes from the north of Mauritania, stopping at Zuárate, to the Atlantic coast. In the bay Nouadhibou, where large merchants wait to ship their merchandise to Europe or China.

Its 700 km route borders the so-called "No man's Land." The troubled border between Mauritania and Western Sahara, with Morocco constantly invading the area, becomes the scene of the feature film.

The bay of Nouadhibou, from the border of Faro de Cabo Blanco, to the French Port and through the cemetery of boats, is the nerve center of the exits of the local Cayucos in search of a new life in the Canary Islands.

«A hypnotic journey of continuous movement, through a territory that we could describe as dreamlike, if it weren't for the calculated notes on reality»
— Carles Fabregat

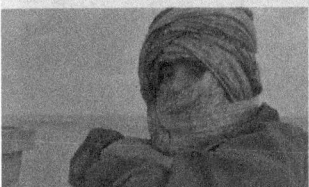
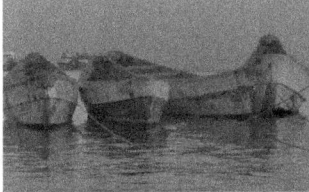
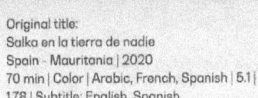
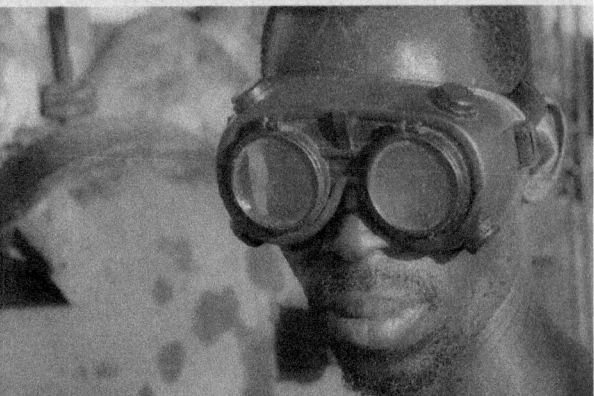

Original title:
Salka en la tierra de nadie
Spain - Mauritania | 2020
70 min | Color | Arabic, French, Spanish | 5.1 |
1.78 | Subtitle: English, Spanish

Production Co:
Ibizacinefest
Mauritania producer:
Achetou Dialla
Producer, director, screenwriter:
Xavi Herrero
Director of photography:
Xavi Herrero
Collaborations: O.N.G. N.A.D.
Proyecto Colibrí.
Un lápiz, un dibujo

FESTIVALS - MARKETS
EUROPEAN FILM MARKET
SCREENINGS BERLINALE 2020

SPECIAL SCREENING
IBIZACINEFEST 2020
(NON OFFICIAL PREMIERE)

NEO SCREENINGS
FESTIVAL DE MÁLAGA 2020

CONTACT
Xavi Herrero
ibizacinefest@yahoo.com
+34 620 434 864
XAVIHERREROFILMS.COM
IBIZACINEFEST.COM

Facebook | Instagram | Twitter
@ibizacinefest

PRODUCTION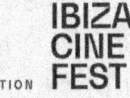

¿Quién es realmente Salka?

En Mauritania, es imposible obtener un permiso de rodaje para trabajar libremente.Mi opción fué la de grabar clandestinamente con un equipo mínimo.Una cámara Bridge,un monopié y una Tascam de bolsillo, y el mio,siempre lleno para sobornar a quien hiciera falta.Sí,seria un rodaje ilegal bajo el punto de vista de las autoridades mauritanas y a nivel cultural, deberia rebasar conceptos.

Por descontado,al rodaje iria solo.

Mi idea original,era realizar una película orgánica, que creciera sola, libremente,de manera anàrquica.Yo solo seria testigo de lo que pasara ante mí y le daria sentido con mi imaginación,con mi input,con mi personaje imaginario.....con Salka.
Tampoco habia otra.
A pesar del excelente trabajo de Pre-Producción de Jope Fernández en Barcelona,antes de aterrizar en Nouabhidou, me era imposible saber lo que me esperaba con ceteza...pero si lo que me gustaria esperar.
Entonces,iba en busca de un input,no aún de una película,si encontraba mi deseo,la película creceria sola.
La planificación en la Pre-Producción en Ibiza y Barcelona incluye de manera imprescindible escojer las piezas musicales que aconpañarian el sonido del tren,que seria omnipresente en la película, y del desierto,en busca de un soundtrack contundente,envolvente,sensitivo....

Escojer,escuchar e imaginar,imaginar e imaginar.
Todos los esfuerzos en esta fase de la Producción estaban dedicados al sonido,a crear lo que ahora se conoce como una atmósfera para la película.

Y la temática, claro.

Los movimientos migratorios, la llegada de pateras y Cayucos a Europa, a las Islas Canarias. Este seria el tema.

El tren representaria, como lo representa en la simbologia onírica y surrealista, grandes cambios, grandes viajes que afectarán para bien o para mal a un futuro. Ya puedo sumar a la atmósfera del soundtrack, dosis visuales oníricas y surrealistas. Todo encaja, pero todo está por hacer.

Los motivos para abandonar un país como Mauritania para buscar un futuro mejor son obvios.

Un país roto, comido por el desierto, bajo una dictadura económica marcada por altos precios en cualquier artículo de consumo básico. Uno de los paises más pobres de África, atrapado además por las conflictivas fronteras con Argelia, el Sahara Occidental (La tierra de nadie) o Mali (La zona prohibida) solo transitada por contrabandistas de armas y traficantes de esclavos. Marruecos ahoga, y la frontera en el sur con Senegal, de las más corruptas del mundo.

El último país donde teóricamente se ha abolido la esclavitud y con costumbres culturales y religiosas aún salvajes hacia la mujer, como la ablación de clítoris o la obligación de engordar para "encontrar" marido, aunque realmente son vendidas por su propia família. El envio de chicas a Arabia Saudí como esclavas sexuales, existe aún, descaradamente.

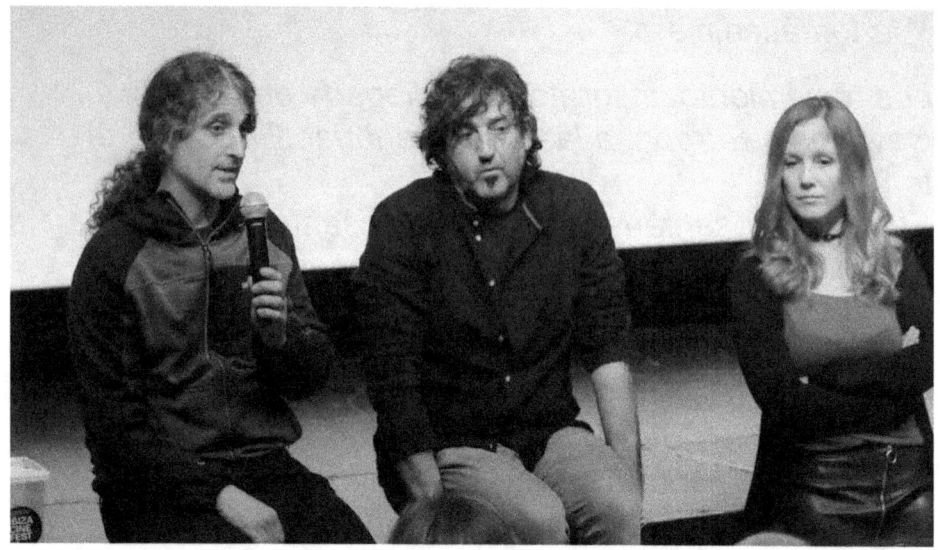
Con Jpoe Fernández y Marta Cañamaque (La voz de Salka) en el pre-estreno de Ibiza.

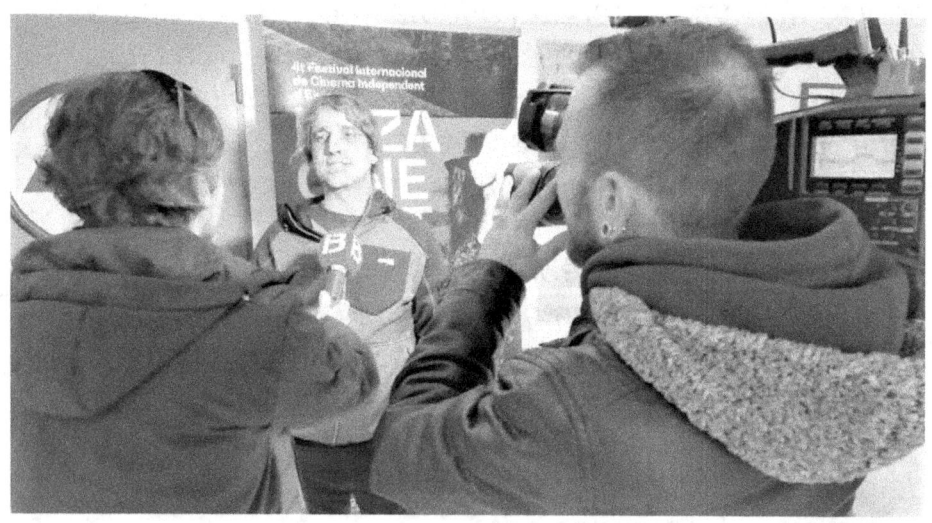

Salka será una chica.

Salka vive en el Norte de Mauritania,cerca de la frontera con Mali.
Salka no quiere engordar.
Salka no se quiere casar.
Salka no quiere ser maltratada.
Salka no quiere ser una esclava sexual.
Salka quiere huir y le ayudará una Madre que desea a su hija el futuro que ella no consiguió.
Salka no será entrevistada.
Salka no será un busto parlante.
Salka no existe como persona,será un símbolo,una metáfora.

En Mauritania hay miles de Salkas.
Ya tengo mi personaje.
Me será imposible contar todas esta premisas,imposible del todo,a no ser que todo sea metafórico,simbólico,y.....poético.
Los diálogos y testimonios de la película serán sustituidos,casi en su totalidad, por poemas.

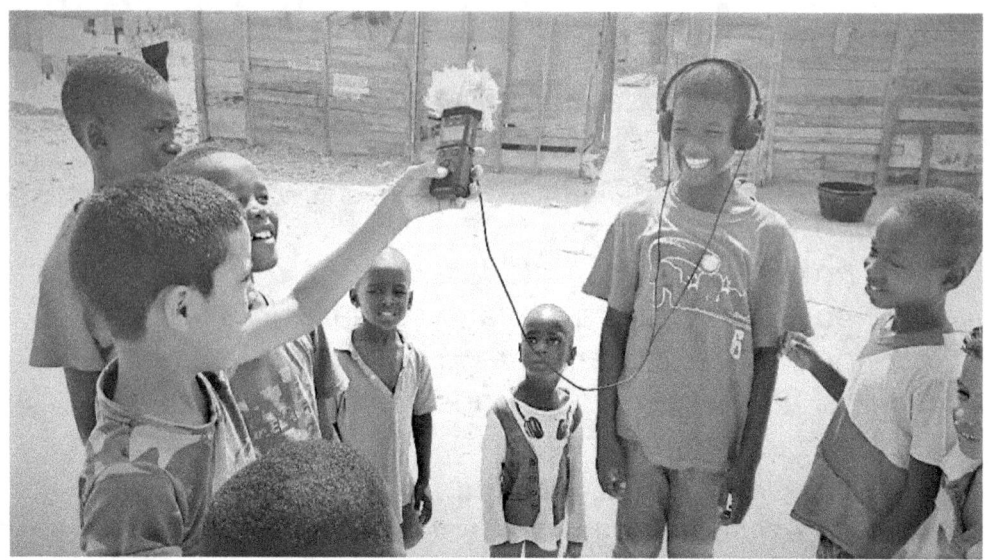
Primer dia en la NAD,el orfanato de Nouabidhou,dirigido por Aichetou Diallo

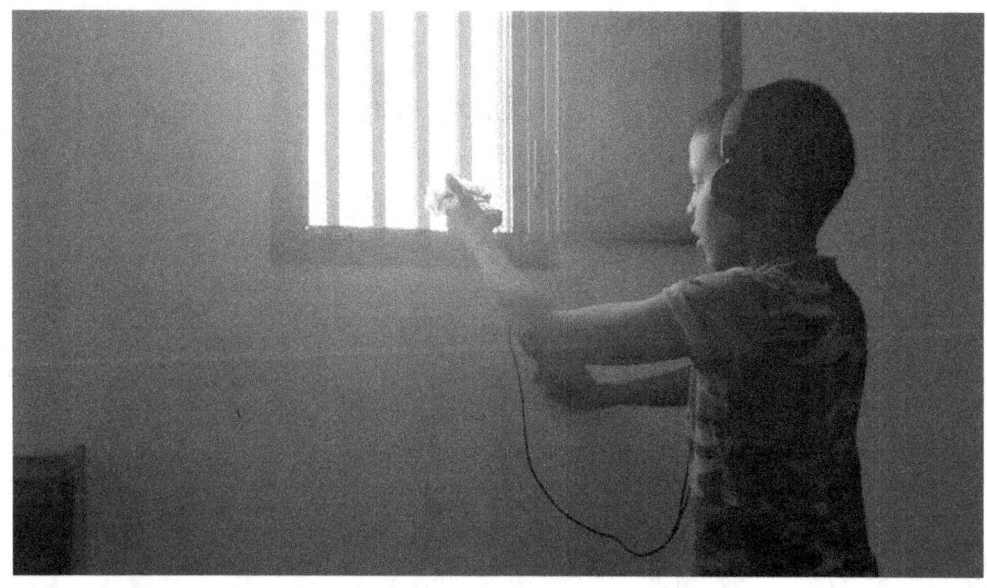

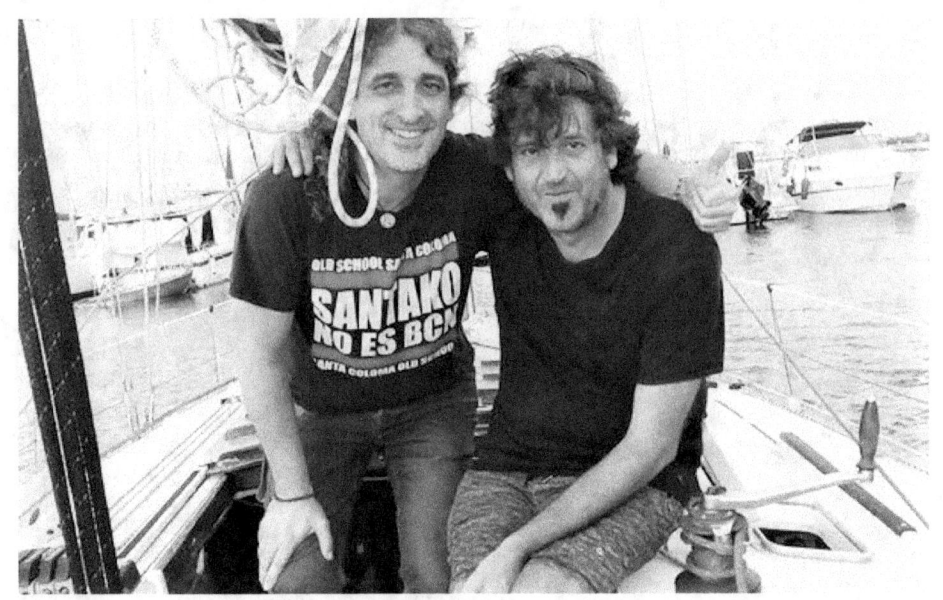

Jope Fernández de la ONG Un lápiz,un Dibujo-Proyecto Colibrí,se encargó de todas las gestiones y asesoramiento para llegar a NouabIdhou y hospedarme en la NAD,donde Aichetou actuó como la perfecta Productora,organizando los rodajes de Salka.

"Salka en la tierra de nadie" es una película cooperativa con la ONG y junto a Ibizacinefest (Festival Internacional de Cine Independiente de Ibiza) se ha logrado el primer objetivo de la película:Que la NAD tenga un coche nuevo.

PROYECCIONES

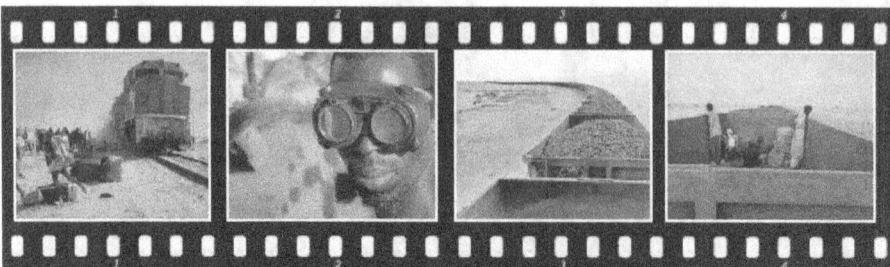

Xavi Herrero viaja hasta «la tierra de nadie»

El director y productor ha rodado en **Mauritania** el documental **'Salka'** sobre la vida que rodea al tren de la compañía **Snim**, considerado el más largo del mundo

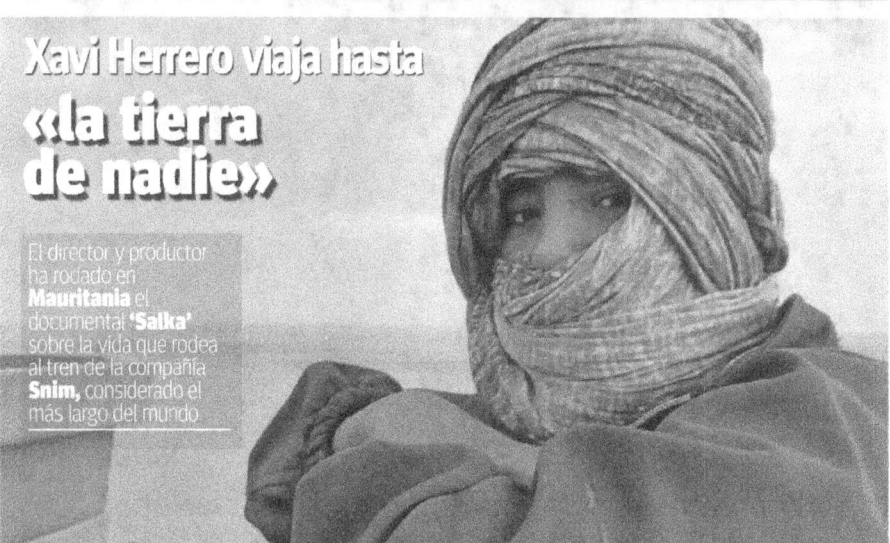

MANU GON

El director y productor Xavi Herrero acaba de regresar a Ibiza tras grabar su último documental en Mauritania, un país del noroeste de África, que limita con el océano Atlántico al oeste, Senegal al suroeste, Malí al este y al sureste, Argelia al noreste y el Sáhara Occidental al norte. Es uno de los países más pobres del mundo, con el 20% de su población viviendo con menos de 1,25 dólares por día y el 1% esclavizada a pesar de que se abolió oficialmente en 1980.

Una realidad que se ha encontrado de bruces Herrero al rodar su nuevo trabajo. Lo ha titulado *Salka, un viaje por la tierra de nadie* y sigue a una chica de las aldeas del norte de Zuaráte que se embarca en el tren de la compañía SNIM, considerado el más largo del mundo. «disfrazada de chico para llegar a Nouamidhou donde le espera su tía que ha gestionado y pagado su salida en un cayuco del país».

Además, el barcelonés afincado desde hace años en Ibiza se ha convertido en el primer oc-

«Cuando llegué al final nadie se creía que fuera a hacer en el mismo día los 1400 kilómetros del tren, pasando por la frontera entre Mauritania y el Sáhara Occidental, en un vagón y bajo 50 grados de temperatura»

cidental que realiza sin descansar el trayecto de ida y vuelta de este tren, entre las minas al norte de Zuaráte y Nouamidhou y el Puerto de Cansado, donde descarga los minerales para embarcarlos en mercantes rumbo a China y Europa. «Cuando llegué al final nadie creía que fuera a hacer en el mismo día los 700 kilómetros de vuelta, recorriendo sin descansar los 500 kilómetros que pasan por la conflictiva frontera entre Mauritania y el Sáhara Occidental, llamada tierra de nadie, con escaramuzas entre el ejército marroquí y el Frente Polisario, y bajo una temperatura que puede alcanzar los 50 grados en pleno desierto».

«Mauritania es muy difícil, es el país menos visitado de África, pero para agradecer el trato en el centro de menores de N.A.D. he grabado un vídeo y el 20% de los beneficios del documental irán para ellos»

Lo hizo en uno de los pocos vagones que la compañía habilita para pasajeros. «El tren es de uso puramente industrial, puede llegar a medir 3,5 kilómetros de largo, y recorre diariamente y sin horarios 1.400 kilómetros ofreciendo vagones especiales condiciones infrahumanas a un coste de 3 dólares», confirmó ayer Herrero a *Periódico de Ibiza y Formentera*.

Durante esta parte del rodaje el director no tuvo ningún problema. Todo lo contrario a lo sucedido en la bahía de Nouabidhou o el antiguo Puerto francés en el Norte, donde están las principales bases de Cayucos que intentan llegar a Canarias. Allí, según contó a este periódico, fue sorprendido por la policía junto a su grupo Arturo, le incautaron parte de su material y pasó un par de días en un calabozo hasta que aclaró la situación. Luego sólo pudo grabar desde el coche hasta que de nuevo la Policía les llamó la atención.

Parte solidaria

Este nuevo documental es una producción Ibizacinefest y se estrenará durante el festival en 2020. Además, tiene un perfil solidario ya que Xavi Herrero ha colaborado con la ONG mauritana N.A.D. y el proyecto *Colibrí - Un lápiz, un dibujo* (www.unlapizundibujo.com) visitando un centro infantil u orfanato en Nouabidhou, dirigido por Achetou Diallo, quien también le ayudó en labores de producción y coordinación. «Mauritania es un país muy complicado en muchos aspectos, es el menos visitado de África, pero yo tuve la suerte de hospedarme todos los días en el centro de N.A.D. y para darles las gracias les he grabado un vídeo promocional y el 20% de los posibles beneficios del documental serán para ellos.», concluyó Herrero.

Orfanato N.A.D. en Nouabidhou y Proyecto Colibrí.

El orfanato de NAD en Nouadhibou alberga a 16 niños y niñas huérfanos, cada uno tiene su historia personal. Aichetou es la principale responsable y cuenta con la ayudade Artouro como coordinador de asuntos externos del orfanato.

Todos los niños y niñas del orfanato están escolarizados/as, y reciben alimentación y asistencia sanitaria cuando lo necesitan.

Los recursos del orfanato son muy limitados, nuestra labor y la de las personas que colaboran con nuestra organización consiste en garantizar el sustento y el desarrollo de un plan de cooperación para lograr la autosuficiencia del mismo. Este es nuestro principal objetivo.Periódicamente desarrollamos campañas para la recogida de fondos y material que hacemos llegar al orfanato de diferentes formas, siempre dando prioridad a las necesidades más básicas y urgentes.Un lápiz, un dibujo está trabajando físicamente en el orfanato, analizando y elaborando acciones para mejorar la calidad de los peques que lo habitan.Pero el orfanato, no solo trabaja para los niños/as que allí habitan, sólo cruzar el umbral de la puerta del orfanato y mirando hacia fuera se puede apreciar el grado de pobreza por la que están rodeados. El orfanato comparte la ayuda que recibe repartiéndola entre los más necesitados, que por desgracia son muchos.

Reparten ropa y material escolar para 31 niños y niñas de la escuela pública (de pago) de la ciudad y también para una pequeña escuelita en la que de forma totalmente altruista dan educación a 45 niños y niñas que sus padres no pueden pagar.

Con esto queremos decir que la ayuda que nuestra organización hace llegar no se queda en su totalidad en el orfanato, los responsables del orfanato en la medida que pueden ayudan a la comunidad en la que viven, y eso se nota cuando estás allí…porque el orfanato de NAD es muy respetado en la ciudad y goza del reconocimiento de las autoridades Mauritanas, las cuales colaboran facilitando la llegada de la ayuda y de las personas que cooperan con el orfanato.

La falta de acceso a la asistencia sanitaria provoca serios problemas en la salud de los niños/as de la ciudad, y es frecuente la llegada de madres con sus hijos/as al orfanato pidiendo ayuda para curarlos. Allí son atendidos por Aichetou siempre que se puede, en muchos casos la falta de higiene y la desnutrición son los desencadenantes de las enfermedades, hay un duro trabajo en la concienciación en cuanto a higiene y mínima alimentación. Un lápiz, un dibujo trabaja en la defensa de los derechos de los niños y niñas y por eso dirigimos toda nuestra energía hacia el orfanato de NAD. Soñamos con un futuro justo, solidario y lleno de esperanza para estos peques y nuestro compromiso es de corazón.

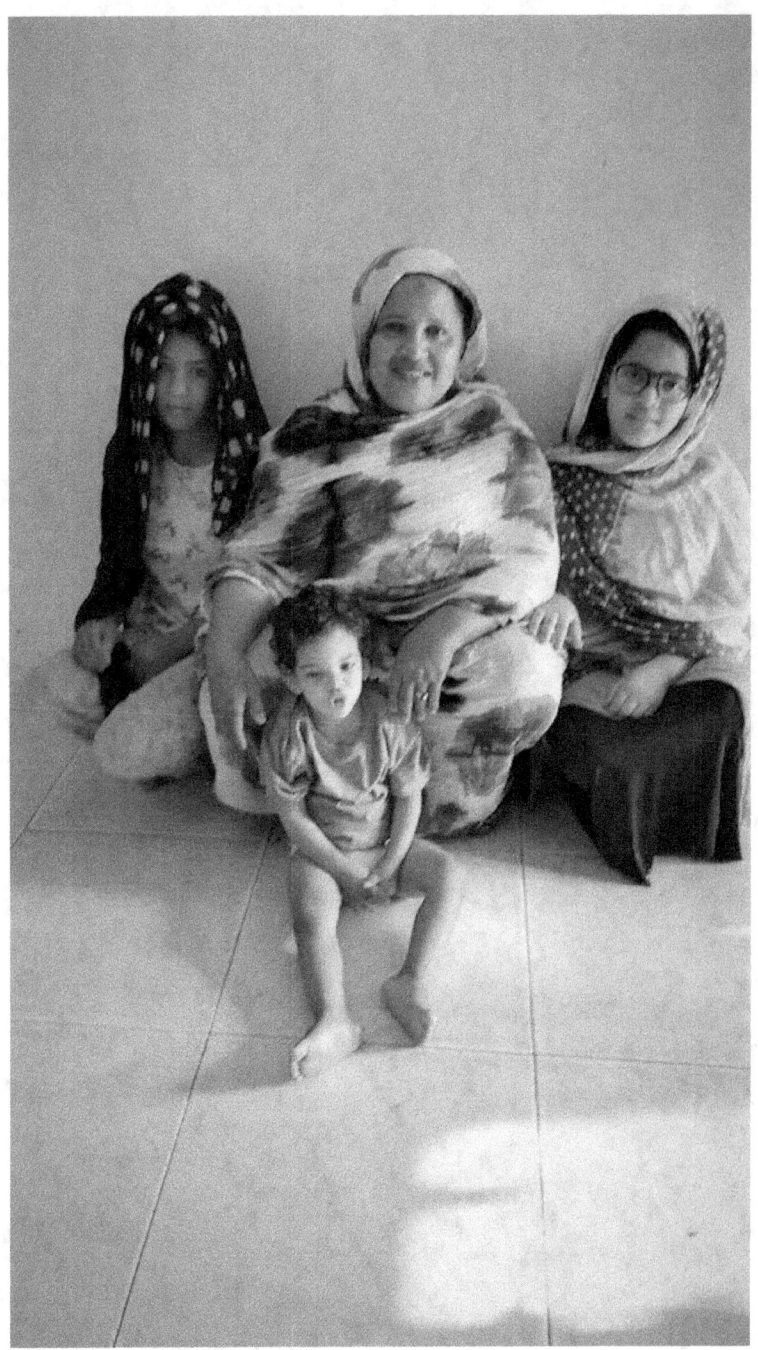

Aichetou Diallo en la NAD.

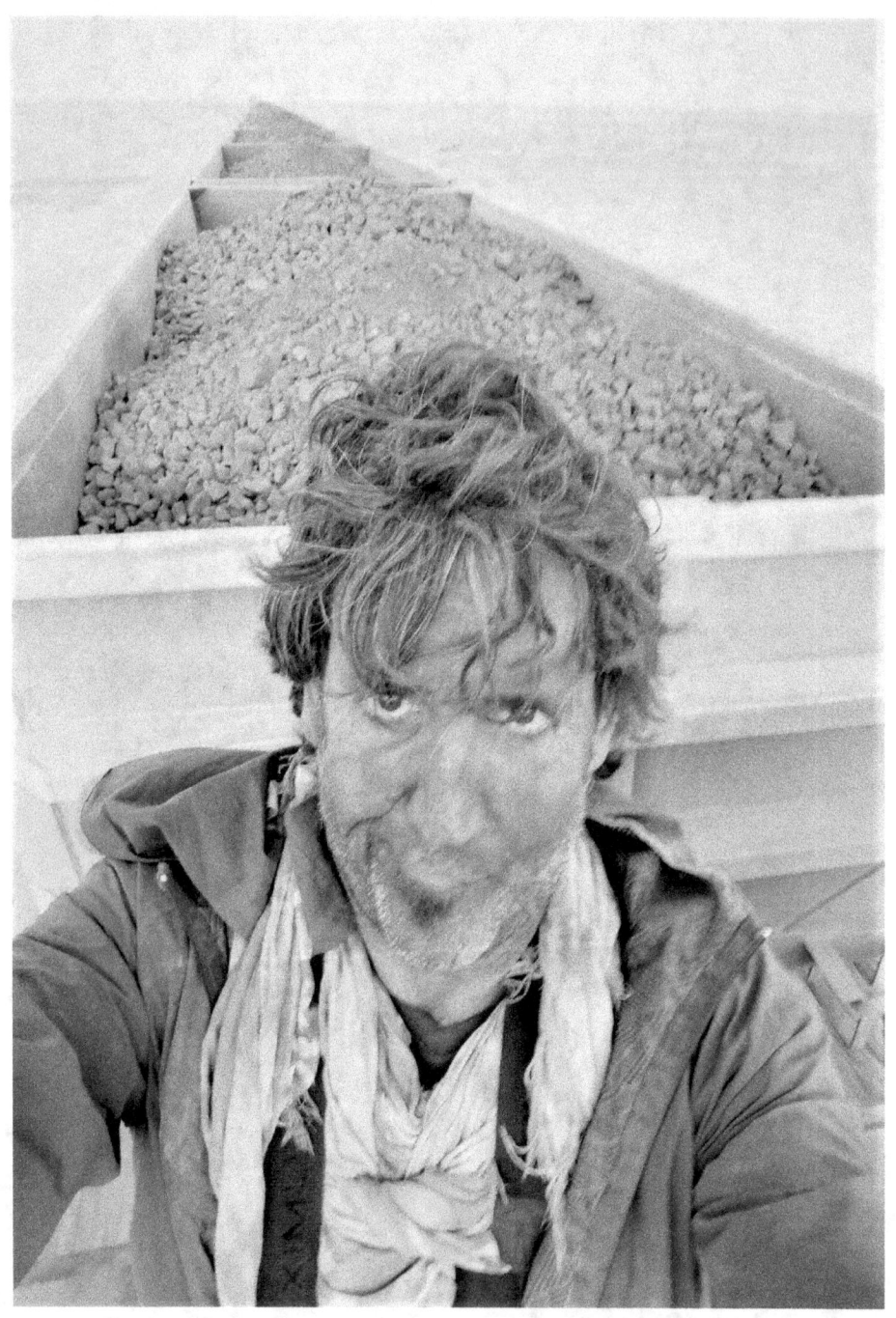

Zouérat-Nouabudhou-Zouérat. 1.400 Km. en el tren de la SNIM.

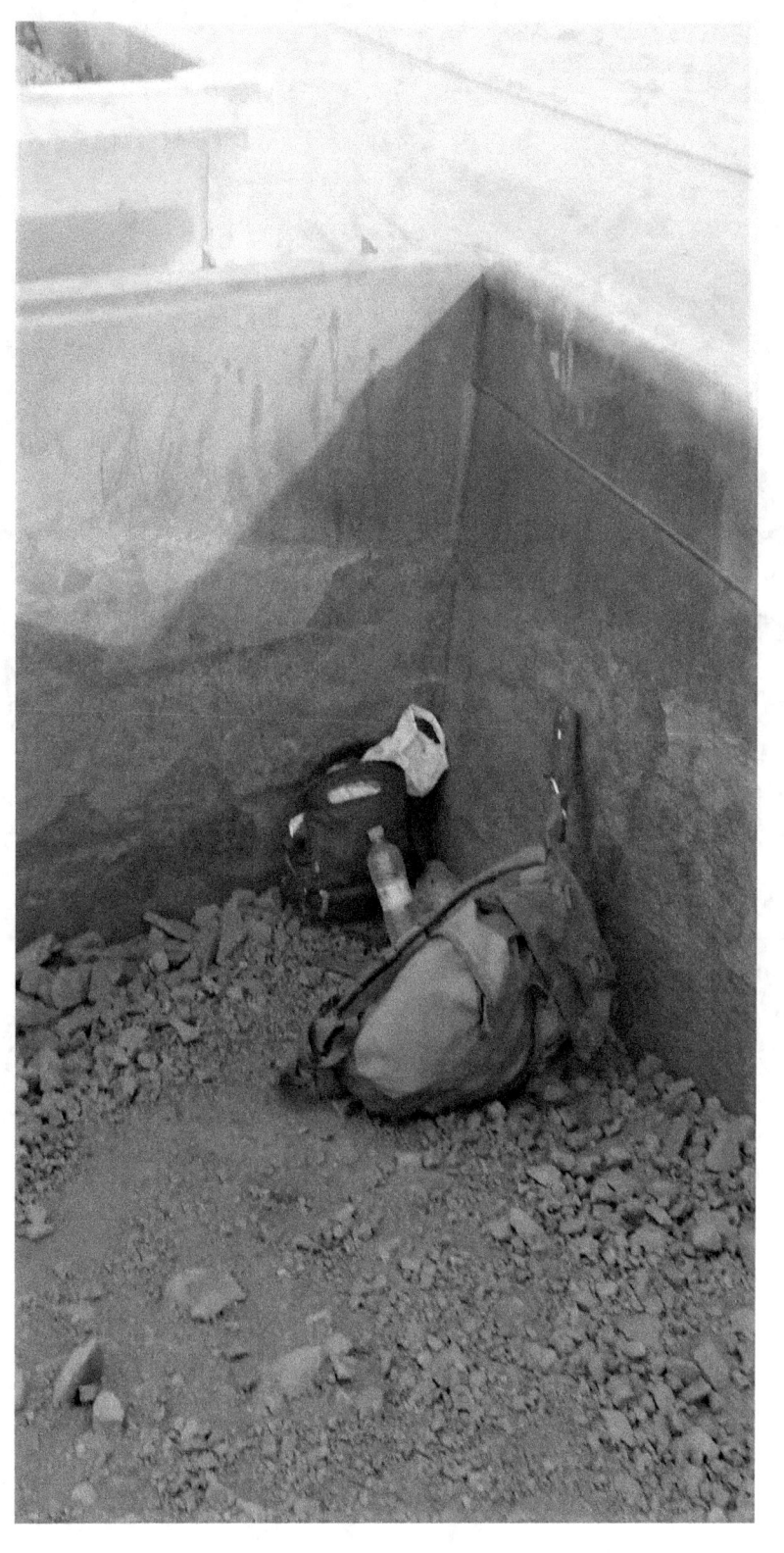

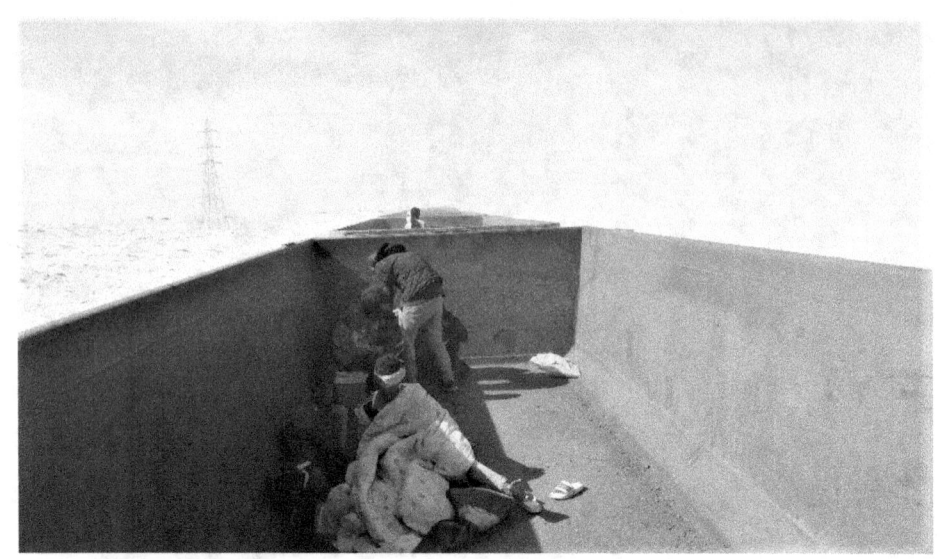

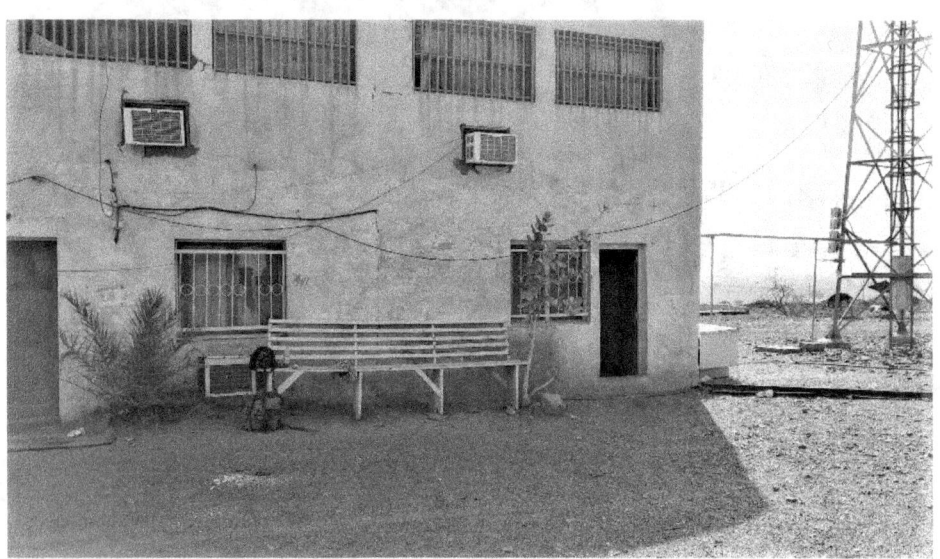

Estación de Zouérat y vuelta a la NAD.

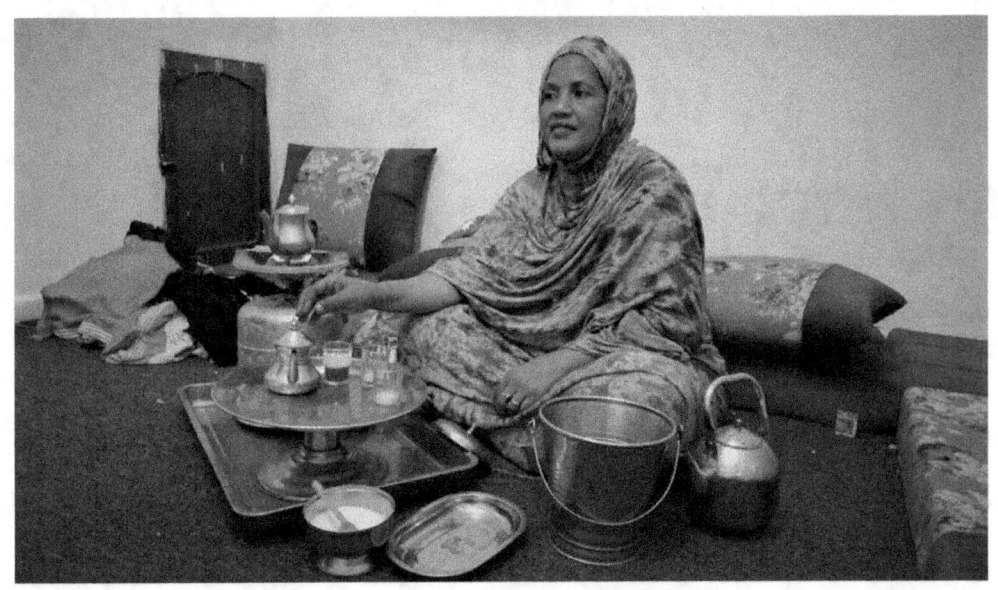

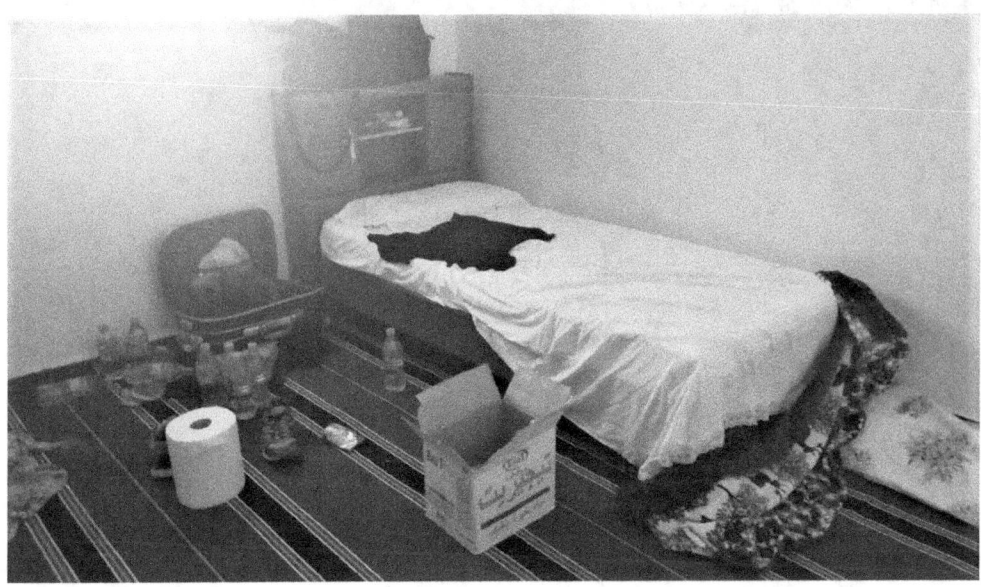

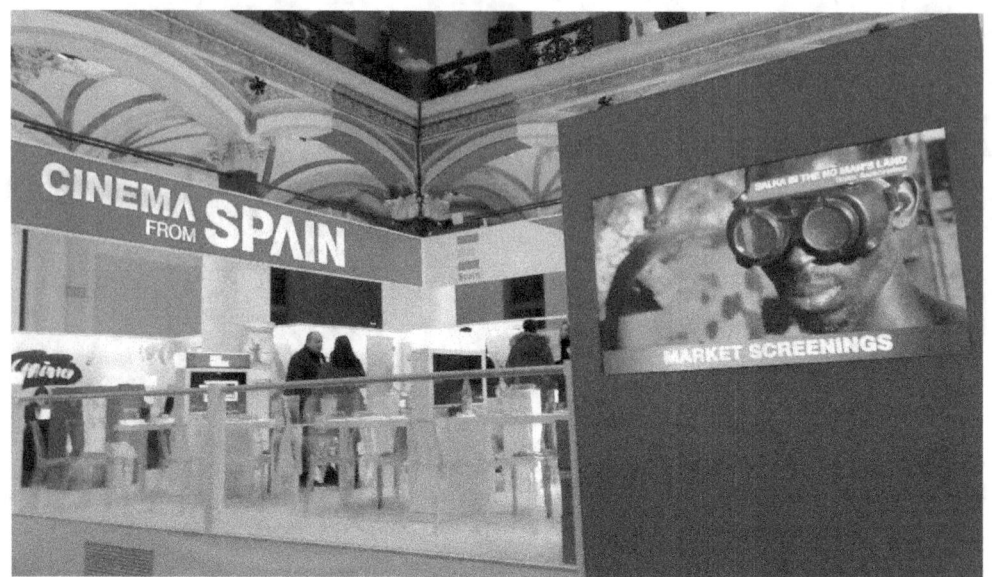

SALKA empieza su distribución en el European Film Market de la Berlinale 2020 incluida en el catálogo de cine español.

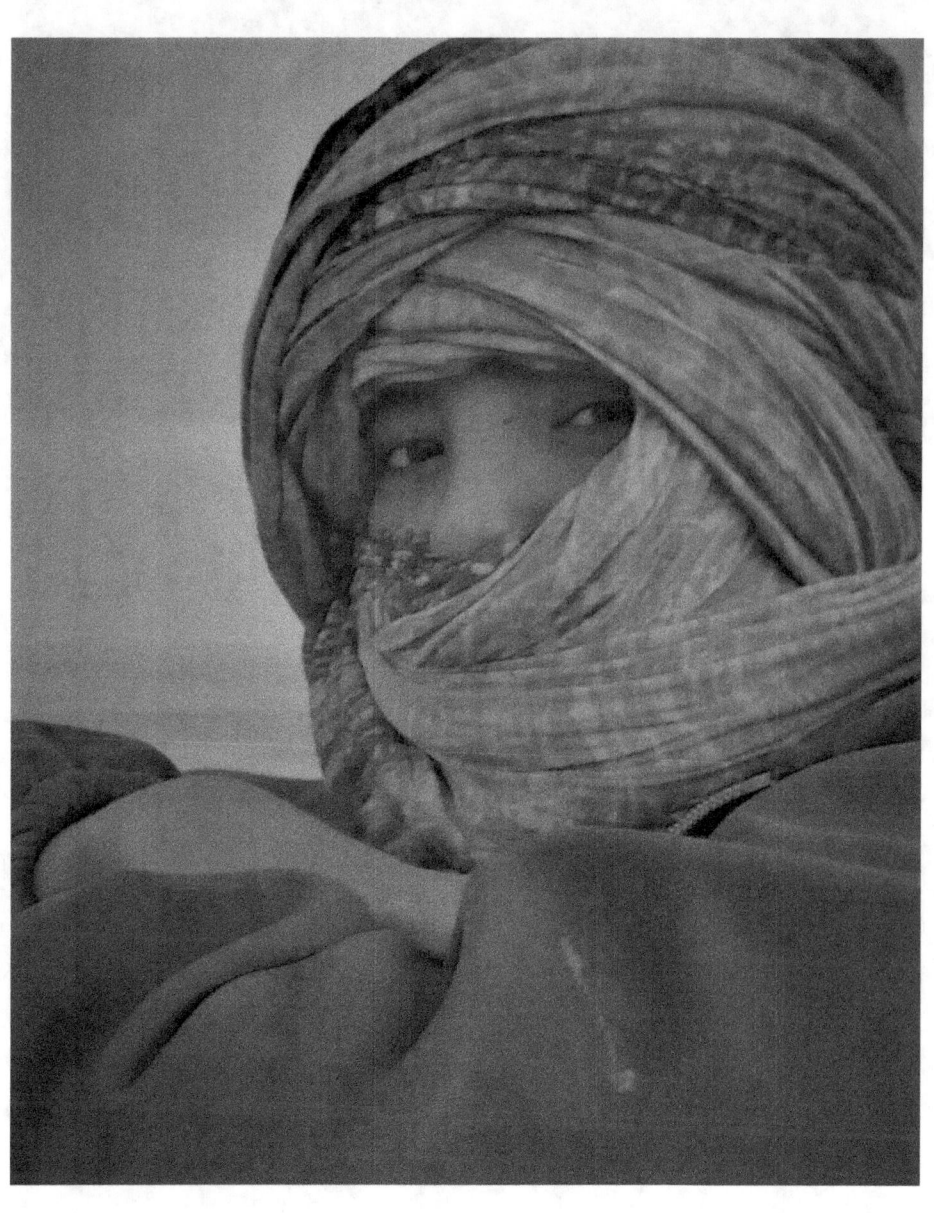

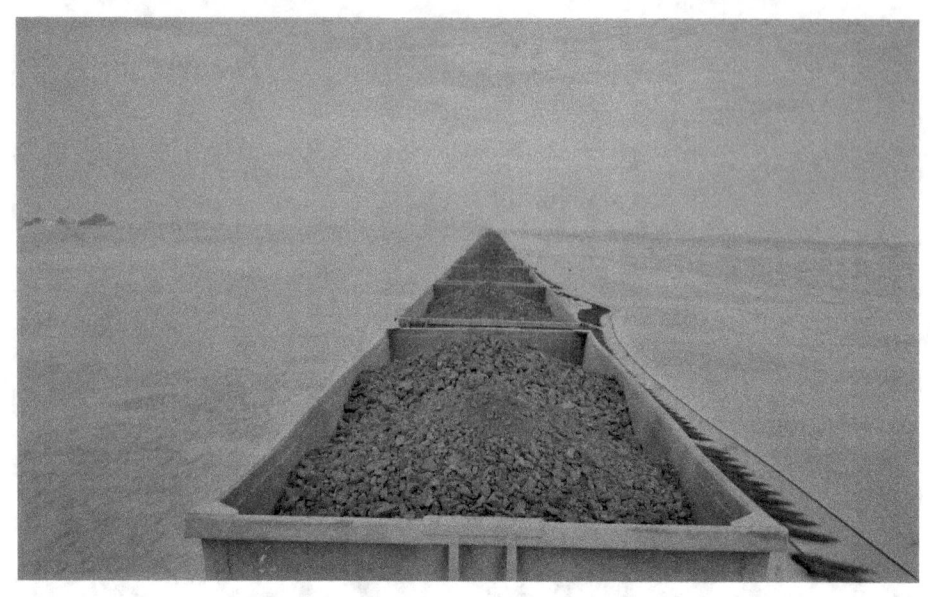

www.unlapizundibujo.org

www.xaviherrerofilms.com

www.ibizacinefest.com

https://www.facebook.com/Salkaenlatierradenadie

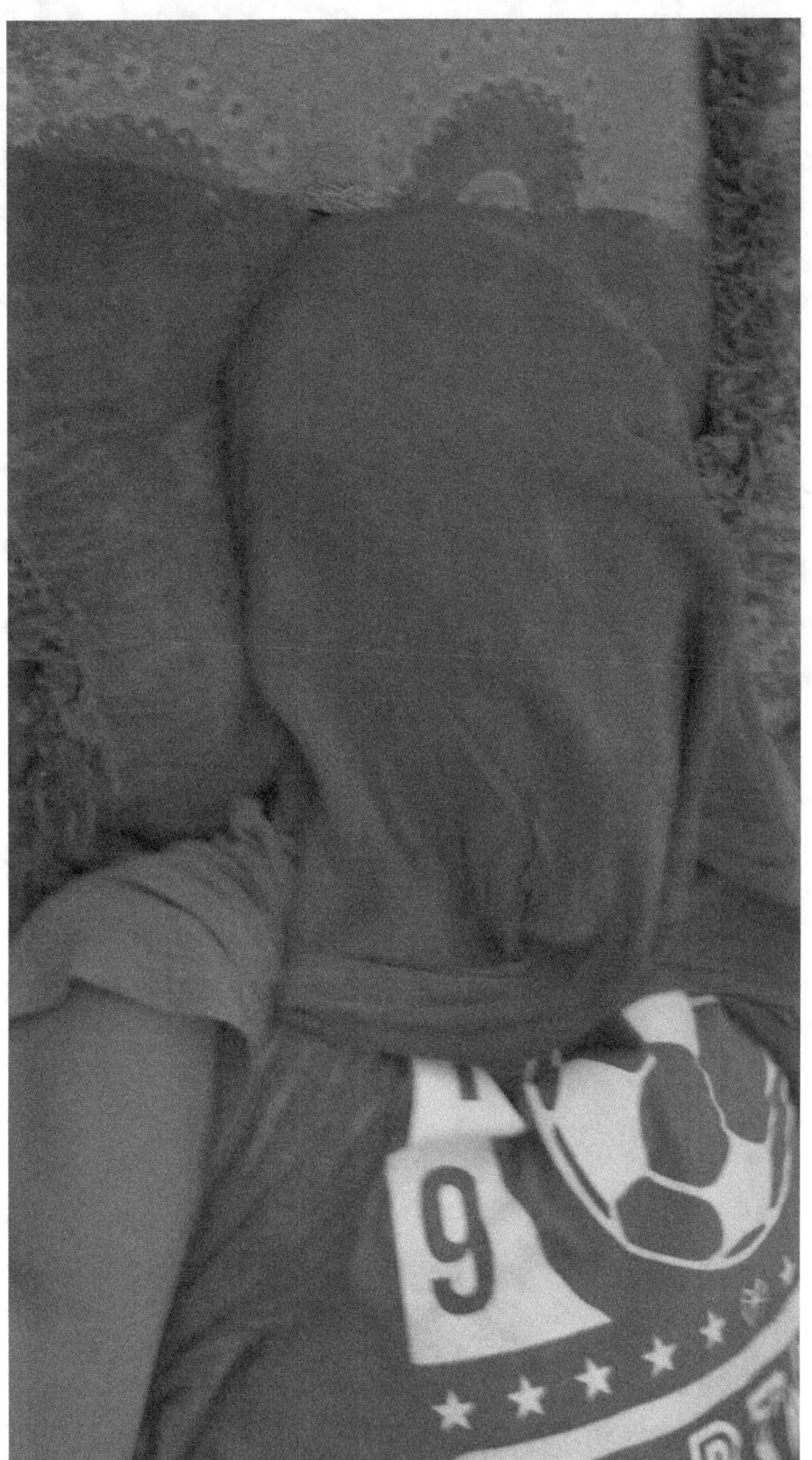

A Ibizacinefest 2020 Production
In collaboration with N.A.D. (N.G.O)
And Proyecto Colibrí-Un lápiz,un dibujo
Mauritania Producer-Aichetou Diallo
Produced and DIrected-Xavi Herrero

01:04:19:15

With the desert before you
I will go
Women´s face
Absence

Aichetou Diallo
Marta Cañamaque-Salka´s voice
Fátima Oudled Driss-Salka´s Mather voice
Mauritania Producer-Aichetou Diallo
Mauritania Runner-Artouro Mohamed Melaine
Barcelona Advoice-Jope Fernández
Nouabidhou Advoice-Domingo Barja
NAD Assistance-Myriam Diallo
Filmmaker and Edition-Xavi Herrero
Arábic Language Invoice-Mohamed Zerouali
Coran Oration-Raad Muhammad al Kurdi
Music by/Jamendo Lcd.

Andrey Avkimovich-Desert wInd

Alejandro Vallarino-Twilight awareness

Melectric-Parasteroid

Quelzalwattio-Matiz magnético

Softspace-Recurred dreams

Xzyril-Zegel est pressoner

Andrey Avkimovich-Package

Soundtrack-Xavi Herrero

Thanks to-Sanaa Choueli-Eli Perot-Albert Albis-Juanjo Ribas-Jolly Rouge

Associated Company for Diistribution-Cosersinhilo Producciones

Catalan Films

Stock footage of the demolition-Snim Company

Póster,tittle and flyer design-Juanjo Ribas

A Film by Xavi Herrero

A Ibizacinefest 2020 Production

4 Anonymous Touareg Poems

Whith de desert befor you.

With the desert before you, don't say: What silence!
Say: I don't hear.
With the desert before you, don't say: how arid!
Say what a strange beauty
With the desert before you, do not say: what vastness!
Say: where do I start?
With the desert before you, don't say: what poverty!
Say: what else does my thought need?
With the desert before you, don't say: what loneliness!
Say: I am what I carry with me
With the desert before you, don't say: what darkness!
Say: I don't see, but I'm sorry
With the desert before you, don't say: how thirsty!
Say: how much do I need to drink?
With the desert before you, don't say: impossible to live!
Say: life is what I have to learn
With the desert before you, don't say: how tired!
Say: how far to go!
With the desert before you, don't say: I can't take it anymore!
Say: if the dunes advance, me too
With the desert before you, don't say: I give up
Say: I will continue, although perhaps I will not reach my

destination With the desert before you, do not say: there is nobody else!

Say: we all have deserts to go through and deserts to match

With the desert before you, don't say: the sand burns me

Say: houses are built with sand

With the desert before you do not say: I am lost

Say: there has to be some way

With the desert before you, don't say: I will never go out

Say: what has a beginning has an end.

When you are in front of your desert, think that it is one of the most beautiful landscapes on earth: do not fear, there is your livelihood

Say: there I learned the most true.

When you are in the desert do not say: what silence!

Say: I don't hear.

I will go

The where doesn't matter, just let me go
And I don't want you to show me east or west
not north or south, just let me go teach
this free heart that is imprisoned in me
I will go from slap to slap from hug to hug
because I am of all bloods and of all beliefs
I'm going to break the borders and mix the races
I'll go even if you don't want to build it under the open sky
a place without a name
where men in the sun melt into hugs and forgiveness
since we all have the same blood and under the sun
the same shadow.

Woman´s face

I live in the face of a woman,
who lives in a wave,
to which the tide pushes towards a beach….
whose port is lost in its shells.
I live in the face of a woman,
that makes me die, that wants to be,
a lighthouse off
in my blood that sails,
to the confines of delirium.

Absence

From the rubble of my body
whipped by wind and rain
my desire is reborn.
From the remains of my skeleton
I look for some hands
to scratch my thirst
of the last pain
that I drowned between my legs.
From this cell that is my home
I claim my loneliness
that one day he fled leaving me
between ghosts and executioners.
If tomorrow suddenly disappeared
the pain that deforms my legs…
Mother, you will not leave
of being the echo of my human voice
who claims my freedom with a dry mouth.
Mother I know you suffer
I know that pain makes you cry
and that your tears are wax and heat.
Mother I know your eyes have been blinded
and your voice has been drowned
so as not to sing your freedom to the world.

Mother I know that from your arms
your daughters have been torn from you
that your breasts wanted
lovingly nurture,
and your history and culture teach.
Mother I will also know that you are going to sing,
to sing with a voice that will reach beyond
And when the sun rises, your arms will open
for your daughters who is here and there.

Northward.

In one of the touareg poems that accompany Xavi Herrero's film, "Salka, in no man's land", we can hear: "With the desert before you, don't say: What aridity! Say: What strange beauty! "

And we believe that this thought works as an indicator, an instruction manual to guide the hypnotic journey that the Director offers us over 70 minutes of continuous movement, through a territory that we could describe as dreamlike, if it were not that a few reality notes have been calculatedly disseminated so that we cannot become naive.

These notes of realism, however, I would say that the viewer perceives them almost subtly, if we contrast it with this galloping metaphor called Salka, which Xavi Herrero has dedicated himself to purging from almost all anecdote, from all beacon to guide us on the desert journey. 700 kilometers on a freight train that carries minerals, made up of a string of wagons where people travel mixed with cargo, in an infinite ring road of Mauritania in the Atlantic bay of Nouadibhou , and starts again.

If we were to express it through popular language -which often masks an induction of the ideological apparatuses of the State- we would say that this is one of those films where "nothing happens".

And we all understand what it means depending on who pronounces it that way. But what this phrase actually refers to is an absence of events in the story.

In this world increasingly installed in horror va-cui, we have to explain everything based on events, be they accidents, crimes, disputes or tremendous successes and brilliant careers.

For such a look, perhaps nothing happens in Salka, when in fact everything happens.

This endless journey, at the rhythm of the counter-march of the railway, ultimately becomes a meaningless journey: the human desire pulsing towards nothing, moving to move, because there is always a territory to travel, a place where grasses are greener.

And while, life passes by our side, with all its terrifying beauty.

Once emptied of all artifice, the perfect nakedness of the landscape appears before our eyes also without artifices, without preconceived ideas.

At the end of the road the ocean, always in motion, awaits us, while thousands of Africans ride an iron and wheeled monster to reach the paradise on the other side of the sea, "Towards the North", where they say that people are clean and noble, educated, rich, free, awake and happy! ".

Carles Fabregat

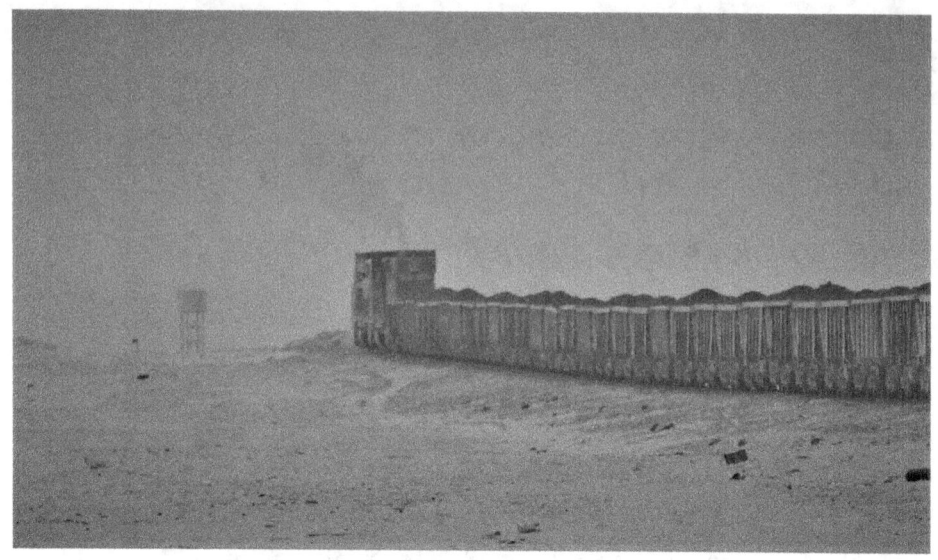

The SNIM company train runs through the troubled border between Mauritania and Western Sahara, the so-called No Man's Land, bound for the Can-sado Industrial Port, in the bay of Nouabidhou.

Nouabidhou Bay stretches 10 km from the bordering lighthouse of Cabo Blanco, to the ship cemetery and the old French Port.

On this coast, the greatest activity of the mafias and exits from Cayucos, towards Europe, is developed.

Who really is Salka?

In Mauritania, it is impossible to get a filming permit to work freely, my option was to record clandestinely with minimal equipment: a Bridge camera, a monopod and a pocket Tascam, and mine, always full to bribe whoever it took.

Yes, it would be an illegal shoot from the point of view of the Mauritanian authorities and at a cultural level, it should go beyond concepts.

Of course, the shoot would go alone.

My original idea was to make an organic film that grew alone, freely, in an anarchic way, I would only witness what happened before me and make sense of it with my imagination, with my input, with my imaginary character ... .with Salka.

There was no other, either.

Despite the excellent Pre-Production work of Jope Fernández in Barcelona, before landing in Nouabhidou, it was impossible for me to know what was waiting for me with certainty ... but what I would like to expect.

So, I was looking for an input, not yet for a movie, if I found my wish, the movie would grow on its own.

The planning in the Pre-Production in Ibiza and Barcelona includes in an essential way choosing the musical pieces that would accompany the sound of the train, which would be omnipresent in the film, and of the desert, in search of a forceful, enveloping soundtrack, sentient....

Choose, listen and imagine, imagine and imagine.

All efforts in this phase of Production were dedicated to sound, to creating what is now known as an atmosphere for the film, and the theme, of course.

Migratory movements, the arrival of boats and Cayucos to Europe, to the Canary Islands. This would be the subject.

The train would represent, as it represents it in the dreamlike and surrealist symbology, great changes, great trips that will affect a future for better or for worse. I can already add to the atmosphere of the soundtrack, dreamlike and surreal visual doses. Everything fits, but everything is yet to be done.

The reasons for leaving a country like Mauritania to seek a better future are obvious.

A broken country, eaten by the desert, under an economic dictatorship marked by high prices on any item of basic consumption. One of the poorest countries in Africa, also trapped by the conflictive borders with Algeria, the Sahara Oc- Western (No Man's Land) or Mali (The Forbidden Zone) only traveled by arms smugglers and slave traffickers.

Morocco drowns, and the southern border with Senegal, one of the most corrupt in the world.

The last country where slavery has been theoretically abolished and with cultural and religious customs still savage towards women, such as the abolition of clitoris or the obligation to put on weight to "find" a husband, although they are actually sold by their own family. The sending of girls to Saudi Arabia as sex slaves still exists, blatantly.

Salka will be a girl.

Salka lives in Northern Mauritania, near the border with Mali.

Salka does not want to put on weight.

Salka does not want to get married.

Salka does not want to be mistreated.

Salka does not want to be a sex slave.

Salka wants to run away and a Mother who wishes her daughter the future that she did not achieve will help her.

Salka will not be interviewed.

Salka will not be a talking bust.

Salka does not exist as a person, it will be a symbol, a metaphor.

In Mauritania there are thousands of Salkas.

I already have my character.

It will be impossible for me to tell all these premises, impossible at all,

unless everything is metaphorical, symbolic, and ... poetic.

The dialogues and testimonies of the film will be replaced, almost entirely, by poems.

Colibrí Project.

The NAD orphanage in Nouadhibou houses 16 orphaned boys and girls, each one has his own personal history. Aichetou is the principal responsible and has the help of Artouro as coordinator of external affairs of the orphanage.
All the children in the orphanage are in school, and receive food and health care when they need it.
The resources of the orphanage are very limited, our work and that of the people who collaborate with our organization is to guarantee the sustenance and the development of a cooperation plan to achieve its self-sufficiency. This is our main objective. Periodically we develop campaigns for the collection of funds and material that we reach the orphanage in different ways, always giving priority to the most basic
and urgent needs. A pencil, a drawing is physically working in the orphanage, analyzing and developing actions to improve the quality of the children who inhabit it. But the orphanage, not only works for the children who live there, just cross the threshold of the orphanage door and looking out you can appreciate the degree of poverty by which are surrounded. The orphanage shares the help it receives by distributing it to the needy, which unfortunately are many.
They distribute clothes and school supplies for 31 boys and girls of the public school (for a fee) of the city and also for a small school in which in a totally altruistic way they give education to 45 boys and girls that their parents cannot afford.
By this we mean that the help that our organization brings does not remain entirely in the orphanage, those responsible for the orphanage to the extent that they can help the community in which they live, and that shows when you are there ... because the NAD orphanage is

well respected in the city and enjoys the recognition of the Mauritanian authorities, who collaborate by facilitating the arrival of aid and people who cooperate with the orphanage.

The lack of access to health care causes serious problems
in the health of children in the city, and the arrival of mothers with their children to the orphanage is often asking for help to cure them. There they are treated by Aichetou whenever they are can, in many cases the lack of hygiene and malnutrition are the triggers of diseases, there is a hard work in raising awareness about hygiene and minimum food. A pencil, a drawing works in the defense of children's rights and girls and that's why we direct all our energy towards the NAD orphanage. We dream of a fair, supportive and hopeful future for these children and our commitment is from the heart.

A film should not be an analysis,
but the excitement of the mind.

Werner Herzog

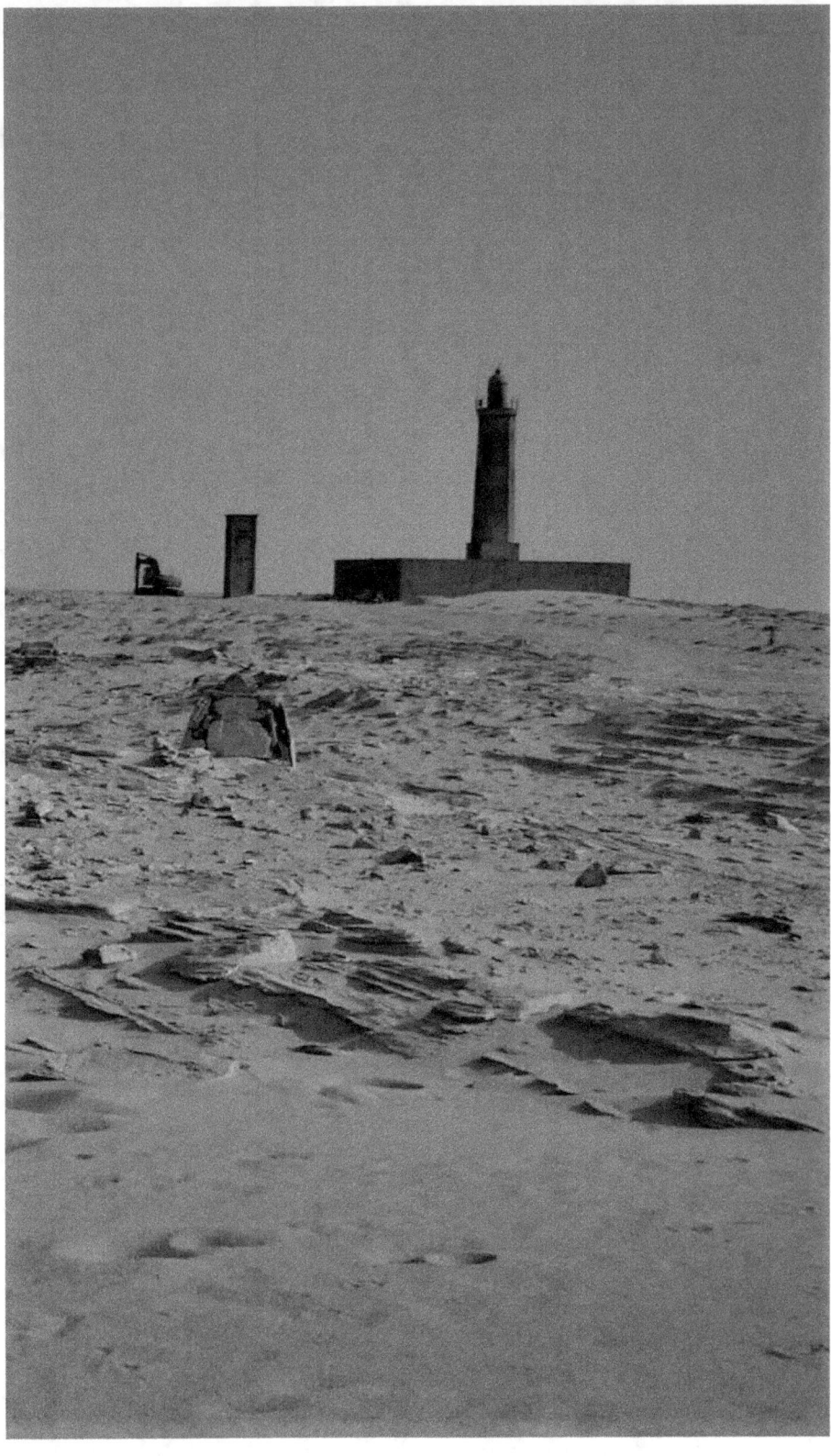

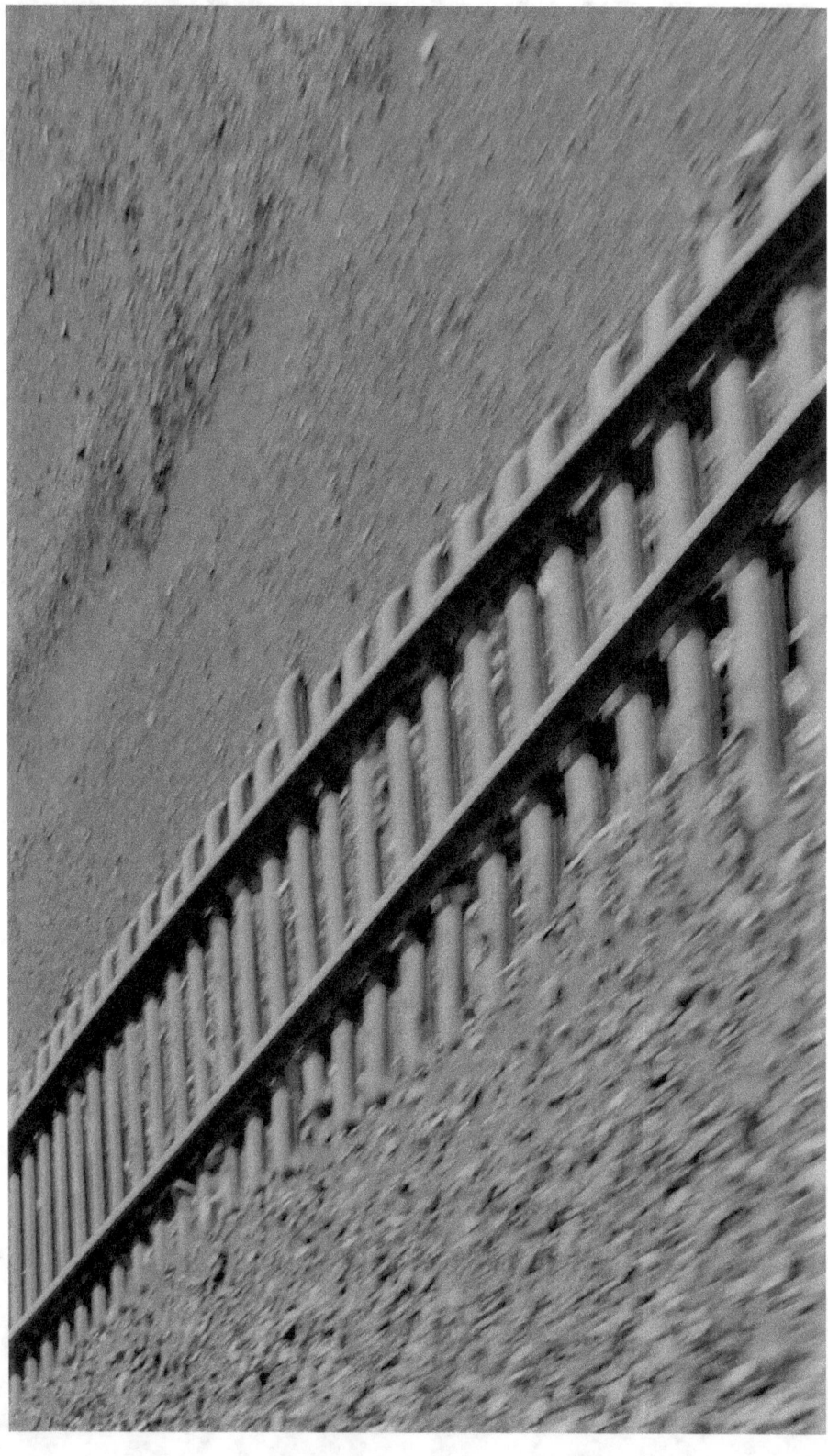

Este Frame-Book ha sido creado durante el confinamiento provocado por la crisis del COVID-19.En estos momentos "Salka en la tierra de nadie" sigue su recorrido de distribución y promoción en Festivales de Cine de forma on-lne hasta el final de la crisis.

Así, Salka está seleccionada en el Media-Library del Festival de Cine de Nyon-Visions du Réel en Abril y en Mayo en la Sección Competitiva What The Doc del Festival de Cine Documental de Barcelona-Docs Barcelona, dedicada a las películas más arriesgadas e innovadoras de la escena documental internacional.

Salka se encuentra en el Shortlist de la Quinzena de Realizadores del Festival de Cannes.

This Frame-Book has been created during the confinement caused by the COVID-19 crisis in Ibiza.

At this time "Salka in no man's land" continues its journey of distribution and promotion at Film Festivals online until the end of the crisis.

Salka is selected in the Media Library of the Nyon Film Festival-Visions du Réel in April and in May in the Competitive Section What The Doc of the Documentary Film Festival of Barcelona-Docs Barcelona, dedicated to the most risky and innovators films of the international documentary scene.

Salka is in the Quinzaine du Réalisateurs Shortlist of Cannes Festival.

Santa Eulària des Riu-Eivissa

9 d´Abril 2020

SALKA EN LA TIERRA DE NADIE

Salka es una joven mauritana que vive en la región de Zuárate, al norte del país, que no acepta su futuro en Mauritania.

Con la ayuda de su Madre y un contacto en Nouabidhou, decide abandonar el país y tomar el tren del Sahara disfrazada de chico.

El tren de la SNIM, conocido como el tren del desierto o del Sahara, se convierte en el hilo conductor de la película. Este tren es el más largo del mundo, puede llegar a los 3,5 Km y nos traslada desde el norte de Mauritania, con parada en Zuárate, hasta la costa atlántica, en la bahía de Nouadhibou, donde esperan los grandes mercantes para embarcar su mercancía rumbo Europa o China.

Su recorrido de 700 Km bordea la llamada "Tierra de nadie". La conflictiva frontera entre Mauritania y el Sahara Occidental, con Marruecos invadiendo constantemente la zona, se convierte en el escenario del largometraje.

La bahía de Nouadhibou, desde el fronterizo Faro de Cabo Blanco, hasta el Puerto Francés y pasando por el cementerio de barcos, es el centro neurálgico de las salidas de los Cayucos locales en busca de una nueva vida en las Islas Canarias.

«Un hipnótico viaje de movimiento continuo, por un territorio que podríamos calificar de onírico, si no fuera por las calculadas notas de realidad»
— Carles Fabregat

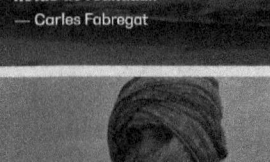
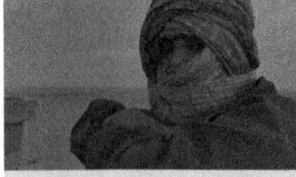
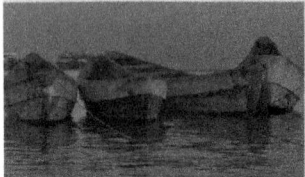
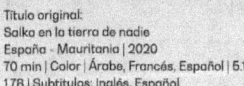
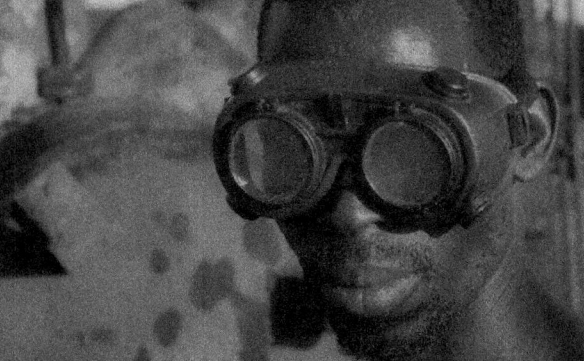

Título original:
Salka en la tierra de nadie
España - Mauritania | 2020
70 min | Color | Árabe, Francés, Español | 5.1 | 1.78 | Subtítulos: Inglés, Español

Producción:
Ibizacinefest
Producción Mauritania:
Achetou Diallo
Productor, director, guionista:
Xavi Herrero
Director de fotografía:
Xavi Herrero
Colaboradores: O.N.G. N.A.D.
Proyecto Colibrí.
Un lápiz, un dibujo

FESTIVALES - MERCADOS
EUROPEAN FILM MARKET
SCREENINGS-BERLINALE 2020

PROYECCIÓN INAUGURAL
IBIZACINEFEST 2020
(PRE-ESTRENO NO OFICIAL)

NEO SCREENINGS
FESTIVAL DE MÁLAGA 2020

CONTACTO
Xavi Herrero
ibizacinefest@yahoo.com
+34 620 434 864
XAVIHERREROFILMS.COM
IBIZACINEFEST.COM

Facebook | Instagram | Twitter
@ibizacinefest

PRODUCCIÓN

IBIZA CINE FEST